O QUE MINHA ALMA ME DISSE

O QUE MINHA ALMA ME DISSE

RICHARD BARRETT

ALTA BOOKS
GRUPO EDITORIAL
Rio de Janeiro, 2025

O Que Minha Alma Me Disse

ISBN: 978-85-508-2647-9

Impresso no Brasil — 1ª Edição, 2025 — Edição revisada conforme o Acordo Ortográfico da Língua Portuguesa de 2009.

Dados Internacionais de Catalogação na Publicação (CIP)
(BENITEZ Catalogação Ass. Editorial, MS, Brasil)

B273q
1.ed. Barrett, Richard
O que minha alma me disse / Richard Barrett ; tradução Lucas Daniel Rodrigues. – 1.ed. – Rio de Janeiro : Alta Books, 2025.
196 p.; 15,7 x 23 cm.

Título original: What my soul told me.
ISBN 978-85-508-2647-9

1. Autoajuda. 2. Cosmologia. 3. Desenvolvimento pessoal. 4. Espiritualidade. I. Rodrigues, Lucas Daniel. II. Título.

01-2025/109 CDD 158

Índice para catálogo sistemático:
1. Autoajuda : Desenvolvimento pessoal : Psicologia 158
Aline Graziele Benitez - Bibliotecária - CRB-1/3129

Produção Editorial: Grupo Editorial Alta Books
Diretor Editorial: Anderson Vieira
Editor da Obra: J.A. Ruggeri
Vendas Governamentais: Cristiane Mutüs
Gerência Comercial: Claudio Lima
Gerência Marketing: Andréa Guatiello

Produtor Editorial: Karma Brandão
Tradução: Lucas Daniel Rodrigues
Revisão: Christiano Sensi
Diagramação: Catia Soderi
Revisão Técnica: Gui Marback

ALTA BOOKS
GRUPO EDITORIAL

Rua Viúva Cláudio, 291 — Bairro Industrial do Jacaré
CEP: 20.970-031 — Rio de Janeiro (RJ)
Tels.: (21) 3278-8069 / 3278-8419
www.altabooks.com.br — altabooks@altabooks.com.br
Ouvidoria: ouvidoria@altabooks.com.br

Editora **afiliada à:**
abdr
ASSOCIADO CBL Câmara Brasileira do Livro

Sua alma tem um plano para sua vida: é por isso que escolheu seu corpo. Você pode embarcar no plano da sua alma ou ignorá-lo. A escolha é sua. Se você escolher o caminho de sua alma, sua vida não será mais sua: você terá que se tornar o servo de sua alma.

Sumário

Introdução

O que estou propondo neste livro desafia o conceito popular de realidade: não temos tanto controle de nossas vidas quanto pensamos que temos, e a alegria e a satisfação que buscamos só são alcançáveis se aprendermos a alinhar as motivações do nosso ego com as da nossa alma.

Como amante da clareza e para evitar confusão, parece-me importante explicar desde o início o que entendo pelo termo "alma" e, além disso, já que acredito que nossas personalidades são compostas por dois centros de percepção[1] — o ego e a alma — explicar também o que entendo pelo termo "ego".

Sua *alma* é a razão pela qual você existe nesta realidade física tridimensional. Sua alma é um campo de percepção consciente que existe no reino energético da quarta dimensão da realidade, além do espaço e do tempo, no campo de energia quântica. É um aspecto individuado do campo de energia universal do qual tudo o que existe em nosso mundo físico deriva sua existência.

Sua alma se projetou em seu corpo físico logo após sua concepção e imbuiu cada átomo e célula de seu corpo com percepção consciente e vontade de sobreviver. A vontade de sobreviver, encontrada em todas as criaturas vivas, é a vontade da alma de estar presente na forma física em nossa realidade tridimensional. A razão pela qual sua alma encarnou em seu corpo é para apoiar a evolução da consciência[2] aqui na Terra. Na busca desse objetivo, sua alma tem dois propósitos estratégicos, com os quais você pode escolher se alinhar ou não; primeiro, levar uma vida dirigida por valores e, segundo, levar uma vida dirigida por propósitos. Sua alma não pode cumprir esses propósitos até que seu ego seja capaz de se alinhar energicamente com ela.

---

[1] N.T.: *Awareness* no original.

[2] N.T.: *Consciousness* no original.

Seu *ego* é um campo de percepção consciente associado ao seu corpo. Seu ego, assim como cada átomo e célula do seu corpo, está imbuído da vontade de manter viva a vontade da alma de estar presente na realidade tridimensional. Enquanto o propósito da percepção consciente de seus átomos e células é manter seu corpo vivo, o propósito da percepção consciente de seu ego é manter o corpo protegido de danos em seu ambiente físico, social e cultural. Portanto, seus átomos e células cuidam da estabilidade interna do corpo, enquanto seu ego cuida do equilíbrio externo do corpo — suas interações com seu ambiente físico, social e cultural.

Espero que essas definições, por hora, sejam suficientes para garantir que nós — você e eu, meu caro leitor — tenhamos um ponto de partida comum. Estou bem ciente de que, ao explicar o que quero dizer com os termos "ego" e "alma", introduzi outros termos, como "realidade quadridimensional", "realidade tridimensional" e "campo de energia universal", que também podem exigir explicações. Tenha certeza de que farei o possível para fornecer uma explicação adequada da minha compreensão desses termos, quando e conforme for apropriado, à medida que você avança neste livro.

Há outra questão de clareza que também devo mencionar neste momento, que é a dificuldade de explicar nossa realidade quadridimensional usando linguagem, terminologia e conceitos que foram projetados especificamente para descrever nosso mundo físico tridimensional. Por exemplo, em um dos parágrafos acima, afirmo: "após sua concepção, a alma imbuiu seu corpo com percepção consciente e vontade de sobreviver". Essa é uma perspectiva física tridimensional do que aconteceu.

De uma perspectiva energética quadridimensional, eu poderia dizer algo como: "Os campos de energia de sua mãe e de seu pai se uniram, e o campo de energia de um dos espermatozoides de seu pai interagiu com o campo de energia de um dos óvulos de sua mãe para criar um novo campo de energia nascente. O campo de energia de sua alma, que estava de prontidão, assumiu então o campo de energia nascente e esse novo campo de energia se tornou você".

Esses conceitos e essa terminologia exigem um salto na cognição que tornaria este livro não apenas desafiador, mas extremamente difícil de ler. Para resolver esse problema, proponho deixar a história se desenrolar usando conceitos tridimensionais e introduzir gradualmente conceitos quadridimensionais quando e conforme for apropriado. Ao final do livro, meu caro leitor, espero que você comece a desenvolver uma compreensão do que estou tentando transmitir.

Garanto que minha própria compreensão do que estou tentando explicar não está totalmente formada: de certa forma, eu até diria que é tênue. No entanto, particularmente neste momento da história da humanidade, acredito que é importante que todos tentem compreender a realidade de sua alma a fim de trazer maior profundidade e significado às suas vidas. Precisamos estar cientes dos propósitos de nossa alma. Acredito que a alma de todos esteja trabalhando, em algum nível, no mesmo projeto: a evolução da consciência humana aqui no planeta Terra.

Estou convencido de que nossas almas projetaram e construíram nossos corpos como veículos para seus propósitos. Também creio que nossas almas não serão capazes de fazer as contribuições que desejam para apoiar a evolução da consciência em nosso mundo tridimensional, a menos que nossos egos sejam capazes de se alinhar e apoiar energeticamente nossas almas.

Acredito que muitas pessoas acharão esse livro desafiador. Pode levantar questões que você não gostaria de enfrentar e você pode discordar de sua premissa e conclusões. Eu não acharia anormal se você tivesse essas reações. O que você vai encontrar entre essas páginas é a minha história: não é a sua história, embora eu tenha certeza de que alguns de vocês terão histórias semelhantes.

Tudo o que peço a você, caro leitor, é que evite a tentação de julgar meu relato somente porque meus pensamentos e crenças são diferentes dos seus. Julgar os outros é a forma que usamos para nos sentirmos bem. Eu quero que você se sinta bem por causa do que acredita, não por causa do que não acredita. Portanto, se você se sentir resistente a este livro, sinta-se à vontade para largá-lo, jogá-lo fora ou entregá-lo ao seu pior inimigo. O que você faz com ele não me diz respeito. Eu escrevi este livro porque minha alma me mandou. Eu dei o meu melhor e agora minha tarefa está completa.

Richard Barrett

Junho de 2012

Prefácio à edição brasileira

Há mais de uma década, fui apresentado aos conceitos e metodologias de Richard Barrett. Desde então, minha jornada profissional e pessoal foi profundamente influenciada por essa abordagem, que une o desenvolvimento individual à evolução das organizações no seu aspecto sutil: a sua cultura. Trabalhando com o modelo Barrett desde 2012, tive a oportunidade de aplicar essa metodologia em mais de 100 projetos, contribuindo com líderes e organizações para alinhar seus valores e propósitos, visando a contribuir com mudanças profundas e sustentáveis.

Como Associado Global da Barrett Values Centre e Sócio-diretor da Crescimentum, acompanhei de perto a ressonância desses conceitos no Brasil. Testemunhei milhares de líderes e consultores se conectarem a uma nova visão sobre a jornada humana e a importância do alinhamento entre ego e alma. Essa perspectiva, que integra psicologia, espiritualidade e ciência, transcende as abordagens tradicionais e oferece um modelo unificador de consciência e evolução. É exatamente essa visão que Richard Barrett compartilha de forma acessível e transformadora neste livro.

O livro que você tem em mãos não é apenas um guia prático; é uma convocação à reflexão e à transformação. Ele nos convida a explorar o relacionamento entre nosso ego e nossa alma, propondo caminhos concretos para alcançar maior alinhamento interno e evolução pessoal. Barrett oferece uma estrutura que não apenas explica o processo de desenvolvimento humano, mas também ilumina o papel da consciência na criação de uma realidade mais harmônica, tanto para indivíduos quanto para comunidades.

Pessoalmente, ao me debruçar sobre a tradução desta obra, experimentei um profundo reencontro com os conceitos que já norteavam minhas práticas. A clareza e simplicidade com que Barrett apresenta suas ideias ampliaram minha compreensão e conexão com os temas abordados. É como se, a cada página, eu pudesse revisitar minha própria jornada e reforçar os aprendizados que aplico diariamente em minha vida pessoal e atuação profissional.

Para quem busca evolução — seja pessoal, profissional ou organizacional — este livro é um mapa essencial. Ele nos desafia a expandir nossas percepções e a abraçar uma nova forma de enxergar o mundo, oferecendo ferramentas práticas para integrar valores e propósitos à nossa realidade. É uma oportunidade rara de acessar um modelo que, além de aplicável, é ao mesmo tempo simples e profundo.

Ao iniciar esta leitura, convido você a embarcar nesta jornada com abertura e curiosidade. Assim como transformou minha visão de mundo, acredito que este livro tem o poder de gerar saltos evolutivos em sua vida. Permita-se explorar, refletir e, acima de tudo, experimentar as mudanças que surgem quando alinhamos nossa alma e nosso ego em uma dança harmoniosa. Esta é a essência da mensagem de Richard Barrett: uma integração que transforma.

Gui Marback

Prefácio

Este livro fornece uma explicação detalhada da minha cosmologia pessoal. Peça por peça, eu reuni essa história ao longo de um período de quarenta e cinco anos — desde o momento em que terminei meus estudos universitários e tive tempo para pensar sobre minha vida até o momento presente. Minha história ainda não está completa; e concordo com a ideia de que, enquanto eu estiver vivo, talvez nunca esteja. Minha crônica pode crescer e se desenvolver, ou pode haver uma descoberta científica que me faça reinventar completamente minha história. Seja como for, no momento, a história que se desenrola nessas páginas é a narrativa que estou usando atualmente para dar sentido à minha vida.

A cada ano, durante esse período de vida relativamente longo, especialmente nas últimas duas décadas, novos elementos da minha história surgiram; e com o surgimento dessas novas informações, tenho me sentido apto a construir uma compreensão mais abrangente da minha vida. Mesmo agora, no processo de escrever este livro, novos pensamentos estão surgindo e novas conexões estão sendo feitas para tornar minha história mais crível para mim.

Tenha certeza, caro leitor, de que não estou compartilhando minha história para cumprir algum propósito evangélico: eu a estou compartilhando simplesmente porque minha alma se sentiu chamada a compartilhá-la. Nos últimos anos, descobri que muitos dos públicos com quem falei ressoam com minha história, particularmente aqueles que se cansaram do dogma religioso; aqueles que consideram a espiritualidade da nova era muito impraticável e indefinida; e aqueles que, como eu, acreditam que a "verdade" não está em um domínio, mas em algum lugar no nexo de teorias de ponta sobre as origens do universo, filosofia religiosa e psicologia transpessoal.

Além disso, caro leitor, não estou sugerindo que minha cosmologia seja de alguma forma superior à história de qualquer outra pessoa. As histórias que desenvolvemos são sempre intensamente pessoais. Elas são um reflexo de nossas histórias — nossa educação parental, nossa identidade cultural e até onde avançamos na evolução de nossa consciência pessoal.

Parte da minha cosmologia é baseada em evidências científicas; parte dela é intuitiva; e parte dela é baseada em anos de pesquisa. E, não me esqueça, caro leitor, que uma parte significativa da minha história é o que minha alma me disse.

Parte Um

Minha cosmologia pessoal

Meu pensamento inicial para este livro foi que seria uma atualização do meu primeiro livro, *Um guia para libertar sua alma*, publicado em 1995. Graças à intervenção da minha alma, acabou sendo muito mais.

O título deste livro é, obviamente, o que minha alma me disse. Lembro-me de acordar no meio da noite e anotar isso. Na noite seguinte, recebi a estrutura do livro. Nas noites seguintes, recebi muitos mais detalhes.

Eu deveria passar este verão trabalhando em um livro que minha editora havia encomendado: uma atualização e consolidação de dois dos meus livros anteriores. Quando comecei a receber os detalhes desse livro, abandonei o outro e me concentrei nesse. Eu escrevi este livro em menos de dois meses. Isso foi um recorde para mim. Até aquele momento, eu nunca tinha escrito um livro em menos de um ano.

A primeira parte deste livro é dedicada a explicar minha cosmologia pessoal. A segunda parte fornece abordagens e estratégias práticas que descobri serem úteis para me alinhar com minha alma. Algumas delas podem ressoar em você, outras não. Sinta-se à vontade para usar as estratégias de sua preferência e ignorar o resto. Se você tiver algum feedback ou comentário, mande um e-mail para barrettvalues@gmail.com. Espero que você tenha tanto prazer em ler este livro quanto eu tive em escrevê-lo. Parece uma conquista significativa, algo que minha alma estava preparando e me inspirando a fazer há muito tempo.

1

Todo mundo precisa de uma história

Todos precisam de uma história de como o mundo funciona para ajudá-los a lidar com os desafios da vida. Sem uma história, a vida se torna sem sentido. Nossas histórias têm duas funções principais: elas nos ajudam a nos colocar no panorama geral: explicar quem somos, por que estamos aqui e o propósito de nossa vida; e também nos ajudam a tomar decisões, para que possamos navegar mais facilmente por nossas experiências. Elas nos fornecem uma estrutura de regras, crenças e valores para guiar nossa tomada de decisão, que acreditamos que nos ajudará a maximizar nossa felicidade e satisfação e minimizar nossa dor e sofrimento.

Há duas maneiras de se obter uma história: você adota a história pronta de seus pais ou da cultura/religião em que você cresceu, ou cria sua própria história única. No primeiro caso, é provável que sua história seja conservadora, convencional e imutável. Às vezes, você terá dificuldades para entender suas experiências e poderá achar difícil se adequar às expectativas de sua cultura. Haverá algumas experiências em que, quando você tentar usar sua cosmologia para explicá-las, parecerá que você está tentando martelar um pino quadrado em um buraco redondo; outras experiências talvez você precise ignorar, esquecer ou negar completamente, porque elas simplesmente não cabem em nada.

Se, por outro lado, você criar sua própria história, você se encontrará em uma montanha-russa evolutiva, constantemente empenhado em adaptar e refinar sua história com base em suas experiências e nas experiências de quem você confia. Você precisará de uma mente aberta e de uma natureza curiosa se quiser criar sua própria história.

Mesmo que você crie sua própria história, provavelmente começará adotando as histórias de seus pais e a cultura em que cresceu. Você precisará fazer isso para sobreviver. Só quando você começa a pensar por si mesmo (individuação) e permitir que sua alma influencie sua vida (autoatualização) é que você começa a construir sua própria história. Isso exigirá coragem, porque você pode se encontrar em desacordo com as histórias de sua família, amigos e colegas — as pessoas que pertencem à sua cultura. Você pode começar a pensar e sentir que não pertence mais ao mundo deles. Você pode se sentir sozinho e incompreendido por aqueles que você ama. Não desanime com essa solidão. É uma parte importante de sua jornada de individuação.

> *A experiência da solidão é, até onde sabemos, uma experiência exclusivamente humana. Nas palavras de W.H. Auden, é "a condição real do homem". O romancista Thomas Wolfe chama a solidão de "a experiência central e inevitável de todo homem". A solidão é uma experiência que deve ser superada, mas nunca ignorada.*[1]

A maioria das pessoas que passam pelo processo de individuação e autoatualização desenvolve uma colcha de retalhos de crenças extraídas da ciência, religião e psicologia que representam a forma como o mundo funciona para elas. Eles conectam essas crenças da melhor maneira possível. O verdadeiro teste de sua história é se ela traz clareza, significado e compreensão às suas experiências e se permite que você encontre felicidade, paz, contentamento e alegria em sua vida.

As histórias que criamos são nossos modelos internos do mundo: elas estruturam nossas vidas e nos ajudam a explicar nossa realidade pessoal. Seja qual for a história que você adote, seja aquela que é transmitida a você por seus pais ou por meio de sua cultura, ou aquela que você mesmo desenvolveu, essa história se torna sua cosmologia pessoal — seu modelo de mundo e a forma como ele funciona.

Quando encontramos fenômenos ou eventos que não podem ser explicados pelo nosso modelo de realidade, nós nos deparamos com duas opções: podemos expandir ou aprofundar nossas histórias para incorporar os novos fatos, ou podemos ignorar as novas informações e recorrer à negação. Assim, para alguns, as experiências que vivenciam ampliam sua compreensão da vida e suas histórias crescem e se desenvolvem. Para outros, as experiências que têm fazem com que se recolham, e suas histórias permanecem parciais e rígidas. O primeiro grupo permanece aberto ao aprendizado. Eles não tentam forçar sua compreensão de cada nova situação por meio de suas crenças existentes. Eles estão dispostos a adaptar seus sistemas de crenças para receber novos dados e informações quando estiverem disponíveis. Eles são capazes de viver com ambiguidade e incerteza. O último grupo não consegue fazer isso. Eles não estão dispostos a olhar além dos limites de suas crenças. Eles tentam moldar sua realidade de acordo com suas estruturas de crenças: eles veem o que querem ver. Eles negam a si mesmos a possibilidade de experimentar qualquer realidade diferente daquela em que acreditam. Eles se forçam a entrar em um casulo de conforto inseguro. Eles param de crescer e se desenvolver e podem nunca atingir todo o seu potencial.

As histórias cosmológicas que mais melhoram a vida — aquelas que trazem mais sucesso, felicidade e alegria — são adaptativas e otimistas; as histórias que mais limitam a vida — aquelas que nos impedem de atingir nosso potencial máximo — são rígidas e pessimistas.

Na verdade, não prestamos muita atenção *consciente* ao desenvolvimento de nossas histórias quando somos jovens e as coisas estão indo bem para nós; o ímpeto para desenvolver nossa cosmologia pessoal geralmente ocorre quando as coisas começam a dar errado — quando nossas vidas ou as vidas das pessoas que amamos estão em perigo ou quando enfrentamos dor e sofrimento pessoais. Consequentemente, há duas questões fundamentais que toda cosmologia deve abordar: O que acontece quando morremos? E, existe um Deus a quem possamos invocar para nos manter a salvo de danos e aliviar nossa dor e sofrimento? Tradicionalmente, essas são questões que foram abordadas por nossas religiões.

AS TRÊS FUNÇÕES DAS RELIGIÕES

As religiões[2] têm três funções em nossas vidas. Primeiro, elas nos fornecem maneiras de interceder junto às forças ou divindades sobrenaturais que acreditamos que influenciam ou controlam nossa vida individual ou em grupo, para que possamos alcançar melhores resultados. Queremos que nosso(s) Deus(es) usem sua onipotência para proteger a nós e àqueles que amamos de ferimentos, doenças ou morte, e para nos permitir prosperar, individual e coletivamente. Invocamos o apoio de nosso(s) Deus(es) por meio de rituais que envolvem oração, súplica, jejum ou alguma forma de sacrifício. Fazemos isso para chamar a atenção de (dos) Deus(es), fazer com que ele nos ouça e, em seguida, fazer com que ele interceda em nossas vidas para que possamos superar as forças que estão nos bloqueando ou impedindo que nossas vontades, desejos e necessidades sejam atendidos.

A segunda função das religiões é nos ajudar a administrar a estabilidade interna do grupo social ao qual pertencemos, fornecendo códigos e preceitos morais (regras) que, quando seguidos por todos os indivíduos do grupo, criam relacionamentos "corretos" — relacionamentos que beneficiam cada pessoa no grupo e o grupo como um todo — os Dez Mandamentos da Igreja Cristã são um exemplo de um desses conjuntos de regras. A Regra de Ouro* é outro exemplo que tem seu equivalente em quase todas as religiões. Como essa função da religião nos permite criar comunidades coesas que apoiam nossa evolução individual e coletiva, ela atua como uma forma de cola social. Assim, uma religião que é adotada por um grupo de pessoas, particularmente aquelas que compartilham marcas étnicas semelhantes, torna-se parte integrante da identidade do grupo.

A terceira função da religião é apoiar as pessoas em seu crescimento espiritual e pessoal. Essa não é uma função na qual as religiões organizadas tradicionalmente se concentram ou que executam muito bem. A maioria das religiões organizadas evita promover qualquer forma de estrutura para o crescimento espiritual ou pessoal porque não querem que você tenha um relacionamento direto com Deus. Se o tivesse, os responsáveis perderiam o controle e a autoridade sobre você. A maioria dos líderes de nossas religiões organizadas está presa a cosmologias que não estão abertas à adaptação ou reinterpretação. Para eles, como o resto de nós, suas cosmologias são a verdade.

Além das estruturas hierárquicas de poder e da falta de igualdade, o principal problema com a maioria das cosmologias religiosas, pelo menos para o homem ou mulher pensante que se individuou e se autoatualizou, é que elas exigem um desvio cognitivo. Por serem baseadas em dogmas e crenças, que operam por meio da fé, as regras e princípios que eles promovem não são questionáveis. A fé religiosa exige que confiemos na história de outra pessoa, da qual, pessoalmente, não temos nenhuma prova experimental ou evidencial.

A maioria das religiões são histórias cosmológicas "prontas para uso", criadas décadas ou séculos atrás. Essas histórias começaram porque encontraram

* Você deve tratar as outras pessoas da forma como gostaria de ser tratado.

ressonância com as pessoas: as revelações nessas histórias abordaram as necessidades específicas que as pessoas estavam enfrentando naquele momento. Essas histórias lhes deram esperança e uma promessa de salvação.

As cosmologias religiosas geralmente permanecem rígidas e fixas por longos períodos de tempo. Consequentemente, as religiões tendem a não se desenvolver por adaptação; elas evoluem formando cismas com base em diferenças doutrinárias que se alinham com as mudanças de consciência que as pessoas experimentam em determinados lugares e momentos. Por exemplo, o surgimento do Protestantismo a partir do Catolicismo permitiu que as mulheres se tornassem sacerdotes e removeu camadas de hierarquia da Igreja Cristã.

Não estou dizendo que as religiões organizadas que estão impregnadas de dogmas e hierarquias autoritárias não sirvam a um propósito útil — elas servem. Eles fornecem a bilhões de pessoas, principalmente aquelas que não se individuaram nem se autoatualizaram, uma cosmologia na qual elas podem acreditar sem ter que pensar por si mesmas. Esse é um grande benefício, porque ao fornecer regras de vida que regulam os comportamentos, as religiões trazem estabilidade e coesão a uma sociedade.

CIÊNCIA, RELIGIÃO E PSICOLOGIA

Nos últimos três séculos, além da fragmentação das principais religiões, surgiram duas novas fontes de histórias cosmológicas: a ciência da matéria (física, química e biologia), que lida com o mundo físico externo, e a ciência da mente (as diferentes disciplinas da psicologia), que lida com nosso mundo mental interno.

A ciência da matéria é extremamente sedutora como modelo da realidade porque explica o funcionamento das leis físicas de causa e efeito. A ciência se deleita em nos dar regras que dão crédito aos nossos sistemas de crenças sobre como nosso mundo físico tridimensional opera. Nós tendemos a acreditar no que a ciência nos diz, porque através do poder da matemática pura e aplicada, a ciência nos permite fazer previsões sobre os resultados físicos dos eventos. Por esse motivo, a ciência se tornou universalmente aceita. No entanto, os domínios aos quais as leis da ciência se aplicam são limitados.

Primeiro, a ciência lida quase exclusivamente com o mundo físico. A ciência não quis ou não conseguiu abordar o mundo interior de crença, emoção e pensamento, e não se aventurou a explicar experiências paranormais ou metafísicas. Em resumo, a ciência não nos serve bem em nossas investigações sobre a natureza não física do universo ou da mente. A ciência, da forma com que tem sido praticada até hoje, ignorou amplamente o papel da consciência, embora a influência das crenças de um observador seja fundamental para a teoria quântica e não ofereça explicações sobre como a consciência funciona.

Em segundo lugar, a ciência se concentra em sistemas lineares. Ele reduz os processos da vida às menores partes e, em seguida, extrapola as conclusões, apresentando uma maneira reducionista para explicar o mundo maior. Esse pensamento linear ignora o caos da vida e a espontaneidade dos sistemas orgânicos. A abordagem holística que considera o corpo, a mente e a alma como um sistema interativo funcional é um anátema para os cientistas. Apesar dessas limitações, a ciência nos serviu bem. Isso nos permitiu entender muito sobre nosso ambiente físico e como nosso corpo funciona.

Até o início do século XVIII, a ciência não era ensinada em nenhuma escola ou faculdade europeia. A ciência como disciplina ou sistema de pensamento não existia. Isso ocorreu por causa do forte controle que a Igreja Católica tinha sobre os sistemas de crenças do mundo ocidental. De cerca de 400 d.C. até o início do século XVIII, cada aspecto inexplicável de nossas vidas estava sujeito a uma explicação "religiosa". O acesso a Deus era totalmente controlado pelo clero católico. O Papa era tão poderoso que se acreditava que ele poderia condenar um homem à maldição eterna por meio da excomunhão da Igreja Católica. A imortalidade só poderia ser garantida seguindo os ensinamentos católicos.

Por causa de sua autoridade e poder, os líderes religiosos tinham grande influência. Reis, rainhas e líderes políticos tratavam seus intermediários espirituais com grande consideração e muita cautela. A humanidade dependia de seus líderes religiosos para explicar desastres, curar suas doenças e cuidar de sua alma. Esse período, caracterizado pela intolerância a qualquer sistema de crenças que não fosse o da Igreja Católica, chegou ao fim no século XVII. Qualquer crença não santificada pela Igreja era considerada heresia e outras religiões eram consideradas pagãs. A Igreja Católica governou absolutamente os sistemas de crenças ocidentais.

Não foi surpreendente, portanto, que pensadores livres, como Martinho Lutero, tenham encontrado enorme resistência quando contestaram a orientação espiritual e pastoral da Igreja Católica. A intermediação da igreja para obter o perdão de Deus foi desafiada. A crença de que o perdão de Deus poderia ser obtido livre e individualmente, sem um padre atuando como intermediário, levou à reforma do Cristianismo e, finalmente, à ascensão da ciência como sistema de crenças alternativo.

O conflito entre a ciência e a Igreja começou no campo da astronomia. Em 1543, Nicolau Copérnico, um cânone polonês da Igreja, propôs que a Terra girando em torno de um sol central estacionário poderia explicar, de forma muito mais simples, o movimento dos céus, do que a teoria de uma Terra central, defendida pela Igreja. A teoria de Copérnico, que envolveu uma reordenação radical das crenças sobre a natureza do universo, foi posteriormente desenvolvida por Galileu em 1632. Essas ideias geraram uma oposição violenta na Igreja Católica: foram consideradas heresia, porque estavam em contradição direta com a interpretação aceita da Bíblia. Por causa de seu apoio à teoria de Copérnico, Galileu foi condenado à prisão em 1633 por promover suas crenças contraditórias. Sua sentença foi posteriormente comutada para prisão domiciliar. Surpreendentemente, foram necessários 359 anos para a Igreja Católica admitir que cometeu um erro ao condenar Galileu. Uma comissão de inquérito decidiu, em 1992, que os clérigos que haviam julgado Galileu eram incapazes de compreender uma leitura não literal da Bíblia e temiam que os ensinamentos de Galileu minassem a tradição católica.

O desenvolvimento da nova astronomia também foi retomado por Johannes Kepler, que foi matemático do Sacro Imperador Romano, Rudolf II, no início do século XVII. Ele desenvolveu relações matemáticas para expandir e explicar a astronomia de Copérnico.

Por meio desses homens da ciência e de outros, como William Harvey e Isaac Newton, o controle da Igreja sobre nossos sistemas de crenças começou a se deteriorar. A ciência começou a ser ensinada nas universidades por volta de 1700. O ambiente físico se tornou domínio do cientista. A Igreja se viu restrita ao domínio da alma. A dominação de 1.200 anos dos sistemas de crenças na Europa pela Igreja Católica chegou ao fim.

À medida que cientistas e exploradores demonstravam a falácia de muitas das interpretações religiosas de nosso ambiente físico, físicos e biólogos gradualmente passaram para a primeira linha na marcha pela verdade. A ciência assumiu a missão de determinar o como, o onde e o quando de nossa existência física. No entanto, o porquê se mostrou mais difícil de ser compreendido.

Ao limitar o *porquê* à mente humana, a "ciência" da psicologia foi criada. Antes dos tempos modernos, o *porquê* era objeto de interpretações religiosas.

Embora a psicologia seja chamada de ciência da mente, os fundadores da psicologia não tinham uma visão tão limitada. Eles tomaram o nome dessa nova disciplina da palavra "psique", que significa alma. Na realidade, a maioria dos psicólogos e psiquiatras se preocupa pouco com a alma de seus pacientes ou mesmo com suas próprias almas. Seu foco principal é ajudar seus pacientes a lidarem com crises e disfunções em suas vidas diárias. Essas disfunções estão relacionadas principalmente às crenças subconscientes baseadas no medo, desenvolvidas pelo ego no início de nossas vidas.

Assim, nos últimos séculos, passamos de uma explicação religiosa da humanidade e de nosso meio ambiente para um modelo tripartite — o físico sendo explicado pela ciência, o mental sendo explicado pela psicologia e o espiritual sendo explicado pela religião. Nós nos encontramos em uma situação em que três áreas diferentes de conhecimento são necessárias para explicar as experiências de nossos corpos, mentes e almas.

Dependendo da natureza do problema que encontramos, confiamos em um desses três sistemas de crenças para oferecer uma explicação. Se nosso corpo adoecer ou nosso carro quebrar, confiamos na ciência para explicar o que aconteceu. Se estamos envolvidos em um relacionamento disfuncional ou estamos passando por depressão, procuramos ajuda de um psiquiatra ou psicólogo. Se um ente querido morre ou fica significativamente incapacitado, recorremos à religião e à espiritualidade em busca de conforto e compreensão.

Um dos maiores problemas com nossos três sistemas de crenças é que certos fenômenos e experiências estão fora dos limites de nosso estado atual de conhecimento. Por exemplo, milagres não podem ser explicados pela ciência nem pela religião; a sincronicidade não pode ser explicada pela psicologia nem pela ciência; e a espiritualidade está fora dos sistemas de crenças das principais religiões e da psicologia. Além disso, o tópico da metafísica * está fora dos três sistemas de crenças.

Essa fragmentação de nossos sistemas de crenças deixa a pessoa comum em desvantagem porque seu conhecimento acumulado em qualquer

* A metafísica é um ramo da filosofia que se preocupa em explicar a natureza fundamental do ser e do mundo.

uma dessas três áreas não pode ser comparado ao dos especialistas que trabalham nessas áreas. No entanto, essa desvantagem não é tão grande porque os próprios especialistas estão tão empenhados em aprofundar as crenças em seus próprios domínios que seu conhecimento de outros domínios permanece subdesenvolvido. Os cientistas não conseguem interpretar a religião, os padres sabem pouco sobre psicologia e os psicólogos não conseguem explicar a ciência. Portanto, vivemos em uma situação em que tanto os não iniciados quanto os especialistas carecem do conhecimento necessário para reunir ciência, religião e psicologia em uma estrutura holística.

Por causa da influência da ciência, nosso mundo moderno aceitou a fragmentação como uma realidade. Como consequência, entregamos a responsabilidade de entender nosso universo, nossas vidas e nossos corpos a “especialistas”. Desistimos de tentar encontrar respostas sozinhos. Delegamos a responsabilidade pelo nosso bem-estar a médicos, padres e terapeutas. Somente quando enfrentamos situações de risco de vida recorremos a um Deus pessoal. É como se, no fundo, soubéssemos que, além de todo conhecimento fragmentado, existe uma única causa. Somente quando estamos desesperados para encontrar um significado recorremos a um sistema de crenças que transcendeu o tempo — a crença em um poder superior que tem domínio sobre a vida e a morte.

No último século, houve uma tendência crescente de especialistas relacionarem seus conhecimentos a outras áreas. Existem psicólogos, particularmente aqueles que adotam teorias transpessoais, que estão tentando trazer os estados mentais humanos para uma perspectiva espiritual. Há cientistas, particularmente aqueles que adotam as ideias da física moderna, que estão tentando vincular a ciência a Deus e ao conceito de unidade. E há médicos que reconhecem o poder da mente sobre nosso corpo físico. Mas há muito poucos especialistas preocupados em unificar psicologia, religião e ciência. Essa lacuna é estranha porque as evidências mais recentes de todos os três domínios de investigação apontam na direção de um único modelo. Está se tornando cada vez mais evidente que existe uma explicação de nossa realidade tridimensional que abrange não apenas psicologia, religião e ciência, mas também metafísica e misticismo*. Para

---

* Misticismo: O conhecimento ou a experiência pessoal de estados de consciência ou níveis de ser além da percepção humana normal.

alcançar essa explicação, você precisa subir, ou descer, dependendo do seu ponto de vista, até o mundo da quarta dimensão da realidade.

Todos esses fatos levantam a questão: por que as tentativas de desenvolver um modelo mais holístico são tão raras? Acredito que a principal causa é a aceitação total da abordagem reducionista de pesquisa e aprendizagem. A estrutura de nossas instituições de ensino é tal que os incentivos à pesquisa favorecem o pensamento vertical em vez do lateral. Qualquer pessoa que deseje realizar uma pesquisa holística ou integral deve superar as barreiras institucionais, acadêmicas e de financiamento. Mas é exatamente esse tipo de pesquisa e aprendizado que agora é necessário. Não podemos mais nos dar ao luxo de ignorar as significativas inter-relações que existem entre os diferentes corpos de conhecimento que compõem nossos sistemas de crenças. Precisamos mudar da abordagem reducionista para uma abordagem integral ou holística.

RESUMO

Aqui estão os pontos principais deste capítulo:

1. Todos, consciente ou inconscientemente, desenvolvem uma história de como o mundo funciona.
2. Precisamos de nossas histórias para dar sentido às nossas experiências.
3. A maioria das pessoas adota as histórias de seus pais e das culturas em que cresceram.
4. Para desenvolver totalmente sua *própria* história, você precisa se individuar e se autoatualizar.
5. As pessoas que se individuaram e se autoatualizaram criam histórias baseadas em crenças de três fontes principais: ciência, religião e psicologia.
6. Poucas pessoas estão tentando unir esses três sistemas de crenças.

No próximo capítulo, mostrarei como essas três estruturas de crenças se cruzam, explorando o que é comum a todas elas.

2

O modelo da consciência

A proposição que estabeleci neste livro é que existe um modelo cosmológico unificador que reúne ciência, religião e psicologia, e que esse modelo está intimamente ligado ao conceito de consciência. Além disso, só podemos entender esse modelo cosmológico unificador adotando o autoconhecimento e reconhecendo os limites de nossa percepção tridimensional. O modelo unificador transcende o nascimento e a morte e nos leva a uma dimensão energética da realidade, na qual somos capazes de encontrar nossas almas.

O principal problema que temos ao relacionar as estruturas de crenças da ciência, da religião e da psicologia é definir o terreno comum onde elas se encontram. A ciência lida com o mundo físico e o aspecto material de nossas vidas. A psicologia lida com a mente e o aspecto mental de nossas vidas; e a religião mantém um misterioso equilíbrio entre o mundo material e o espiritual, proporcionando-nos uma perspectiva da vida que transcende a morte. Cada um desses sistemas de crenças lida com diferentes aspectos de nossa realidade e cada um tem seu próprio vocabulário. Nesse sentido, as seguintes palavras escritas por Peter D. Ouspensky no início do século passado são tão significativas hoje quanto eram na época:

> *Não entendemos muitas coisas porque nos especializamos de forma muito fácil e drástica: filosofia, religião, psicologia, ciências naturais, sociologia etc., cada uma tem sua própria literatura especial. Não há nada que abranja o todo em sua totalidade.*[3]

Ao tentar desenvolver um modelo unificador, o leigo se depara com dois problemas: primeiro, a dificuldade de compreender o significado dos termos específicos usados em cada uma das diferentes áreas; e segundo, a correlação de significado entre essas diferentes áreas. Na realidade, o leigo é só um pouco mais deficiente do que os especialistas, pois eles também têm dificuldade em entender o vocabulário de outras áreas.

Pastores acham difícil entender cientistas e psicólogos; cientistas acham difícil entender psicólogos e pastores; e psicólogos acham difícil entender pastores e cientistas. Nosso conhecimento tem se tornado cada vez mais diferenciado. Claramente, no entanto, todas as diferentes áreas do conhecimento moderno devem ter inter-relações significativas. Precisamos identificar e explorar essas ligações se quisermos desenvolver uma cosmologia que unifique ciência, religião e psicologia. O princípio de conexão que proponho explorar é a consciência.

CIÊNCIA E CONSCIÊNCIA

No início do século passado, a ciência estava repleta de objetividade. Os cientistas presumiram que não havia conexão entre o experimento e o experimentador e que havia uma medida absoluta de tempo. Duas teorias científicas promulgadas na primeira parte do século mudaram essas crenças. A Teoria da Relatividade, que explicava o movimento do macromundo dos planetas e estrelas, mudou nossas crenças sobre o tempo, e a Teoria Quântica, que explicava o micromundo do átomo, mudou nossas crenças sobre objetividade. Essas teorias, que resultaram em grandes inovações tecnológicas e explicações verificáveis de nosso universo, tornaram o observador um participante e nos levaram a reconhecer que o tempo é um conceito fluido que está intimamente relacionado à situação do observador.

Até aquele momento, os cientistas não reconheciam que o observador poderia ter alguma influência em um experimento. Era como se o fenômeno que estava sendo examinado e o observador existissem em dois mundos separados e desconectados. A primeira rachadura nessa concha de objetividade veio com a chegada da Teoria da Relatividade de Einstein. Ele mostrou que o tempo é relativo à posição e ao movimento de um observador. Assim, o tempo não pode ser considerado absoluto. Mais evidências do importante papel do observador surgiram na década de 1930 na forma da Teoria Quântica. Para entender os experimentos quânticos, o observador precisa escolher o que deseja medir. Nunca se pode fazer medições simultâneas de fatores como posição e momento. Se você optar por medir a posição de uma partícula, não poderá medir sua velocidade e, se optar por medir sua velocidade, não poderá medir sua posição. Em outras palavras, o resultado de tais experimentos é afetado pela consciência do observador. Em *O Tao da Física*, Fritjof Capra comenta essas ideias da seguinte maneira:

> *A Teoria Quântica aboliu a noção de objetos fundamentalmente separados; introduziu o conceito de participante para substituir o de observador, e pode até achar necessário incluir a consciência humana em sua descrição do mundo.*[4]

Cientistas descobriram que matéria e energia são equivalentes. Toda matéria é uma manifestação de energia. A energia pode existir como partículas eletricamente carregadas ou como ondas de informação. A realidade da partícula é tridimensional: ela tem propriedades físicas específicas. A realidade da onda de informação é quadridimensional: é um campo de energia que não tem limites de espaço e tempo. Assim, tudo em nosso universo físico é composto de matéria e, ao mesmo tempo, está contido em um campo de energia que é "invisível" para nossos sentidos físicos. Na forma de onda, encontramos informações que descrevem todas as potencialidades da partícula material. Na forma física, encontramos apenas uma dessas potencialidades expressa. Todos os objetos materiais, incluindo nossos próprios corpos, têm uma forma física tridimensional e um campo de energia quadridimensional. Na primeira, a pessoa está em um estado de ação — tentando constantemente manter a estabilidade interna e o equilíbrio externo no mundo físico. No segundo, ela está no estado de ser — preparada a qualquer momento para expressar sua potencialidade.

Paul Davies sugere que a lição da Teoria Quântica é que a matéria só pode alcançar uma existência concreta e bem definida em conjunto com a mente.[5] Em outras palavras: o aspecto material de uma "substância" só existe quando há uma consciência observadora presente. Em todas as outras ocasiões, continua sendo uma onda de potencialidade.

> *A manifestação física de um estado potencial de ser é influenciada por nossas crenças, impulsionada por nossas emoções e formada por meio de nossos pensamentos.*

Em outras palavras, os resultados que atraímos para nossas vidas têm sua gênese em nossas crenças, nascem em nosso mundo tridimensional por meio de nossas emoções e são moldados em forma física por nossos pensamentos.

Podemos resumir essa discussão sobre ciência e consciência dizendo que o conteúdo de nossa consciência — nossas crenças e pensamentos, junto com as cargas emocionais associadas às nossas crenças (positivas ou negativas) — é o motor de nossa realidade. Quaisquer pensamentos que você permita que entrem em sua mente condicionam sua experiência da realidade. Se você permitir que sua mente esteja cheia de pensamentos baseados no medo, você sentirá medo. Se você permitir que sua mente esteja cheia de pensamentos baseados no amor, você sentirá alegria. Se você permitir que sua mente esteja cheia de pensamentos baseados na separação, você se sentirá sozinho. No nível quântico, todas essas potencialidades existem. Suas escolhas conscientes e subconscientes determinam quais dessas realidades você traz para sua vida, experimenta e sente.

O nosso problema é que não temos ciência de que estamos fazendo essas escolhas inconscientemente. Só depois de desenvolver a atenção plena — a capacidade de se afastar e observar suas crenças, pensamentos e emoções — você é capaz de reconhecer que tem uma escolha e de escolher conscientemente o que deseja experimentar, não o que suas crenças subconscientes escolheram para você.

Com a prática da atenção plena, você pode superar suas realidades criadas subconscientemente e criar conscientemente os sentimentos que deseja experimentar. Isso levanta a questão: quem é o *você* que está tendo crenças, pensamentos e reações emocionais, e quem é o *você* que está se afastando e observando o você que está tendo essas experiências? Em outras palavras: quem é aquele que está experimentando a atenção plena? A proposta que estou apresentando neste livro é a seguinte. A parte de você que está "escolhendo" suas crenças, pensamentos e reações emocionais é o seu ego, e a parte de você que está observando essas experiências, quando está em um estado de atenção plena, é a sua alma. Aprender a se tornar seu próprio observador (autotestemunha) é uma das maneiras pelas quais você pode se conectar com sua alma.

RELIGIÃO E CONSCIÊNCIA

Aqueles que tiveram experiências espirituais as descrevem como uma ampliação da consciência, trazendo novas atitudes e uma mudança na consciência. A experiência ocorre na mente por meio da elevação da percepção para um estado superior de consciência. William James descreveu experiências religiosas/espirituais como:

> *Os sentimentos, atos e experiências dos indivíduos em sua solidão, na medida em que eles se mantenham relacionados àquilo que possam considerar divino.*[6]

A relação entre um indivíduo e o que ele considera divino existe inteiramente no reino da consciência. O que é importante para o relacionamento é seu conteúdo. E o conteúdo é expresso por meio do conhecimento, fundado na crença e apoiado pela fé. Sem experiências internas e a transferência de conhecimento que ocorre, a religião se torna um recipiente vazio. Há três pontos essenciais que devemos observar sobre experiências religiosas/espirituais. Primeiro, elas ocorrem na mente. Em segundo lugar, elas geralmente são acompanhadas por um aumento no conhecimento e uma mudança na consciência. E terceiro, elas geralmente, mas nem sempre, estão relacionadas às experiências que você tem em relação ao sofrimento e à morte. As características das experiências religiosas são a inefabilidade e a expansão do conhecimento. Palavras são insuficientes para descrever essas experiências. Ao mesmo tempo, há uma revelação por meio da percepção do conhecimento que, embora inexprimível, deixa uma impressão profunda.

Esses estados superiores de consciência são cultivados metodicamente em mosteiros budistas, templos hindus, sinagogas judaicas, mesquitas muçulmanas e igrejas cristãs por meio de períodos prolongados de reflexão e meditação. Santa Teresa descreve sua experiência dos estados superiores de consciência da seguinte maneira:

> *A alma está totalmente desperta em relação a Deus, mas totalmente adormecida em relação às coisas deste mundo e em relação a si mesma. Durante o curto período de duração da união, ela fica como se estivesse privada de todos os sentimentos; mesmo que quisesse, não conseguia pensar em nada. Resumindo, ela está totalmente morta para as coisas do mundo.*[7]

Embora estados superiores de consciência possam gerar percepções sobre o passado e o futuro (porque ocorrem no mundo quântico de espaço e tempo ilimitados), as revelações mais importantes que fluem de estados superiores de consciência são teológicas ou metafísicas (acesso ao conhecimento).

Santo Inácio confessou um dia "*que uma única hora de meditação lhe ensinou mais verdades sobre as coisas celestiais do que todos os ensinamentos que todos os doutores juntos poderiam ter lhe ensinado*".[8]

Experiências religiosas ou espirituais são fundamentalmente experiências de dimensões superiores de consciência. São experiências intensamente pessoais, e suas ocorrências são mais frequentemente associadas ao crescimento pessoal interior do que à prática ou busca da religião ortodoxa.

Instituições religiosas e igrejas podem ter um grande impacto em nossas crenças e na forma como percebemos (criamos) nossa realidade. Elas podem ser uma força para o bem, fornecendo uma estrutura dentro da qual as pessoas podem se unir em comunidade para adorar seu(s) Deus(es).

Algumas pessoas que, por convenção, enquadram-se nas práticas religiosas de seu clã, tribo, cultura ou nação, podem se encontrar vivendo em um ambiente espiritualmente moribundo. William James diz o seguinte sobre essas pessoas:

> *Sua religião foi feita para ele por outros, foi-lhe comunicada pela tradição, é determinada a formas fixas por imitação e é mantida pelo hábito.*[9]

As experiências religiosas e espirituais dessas pessoas são poucas e vagamente sentidas. Elas acham que sua religião carece de intimidade espiritual. Esse vazio, que muitas pessoas experimentam, é descrito por Carl Jung da seguinte maneira.

> *O homem moderno espera algo da psique (alma) que o mundo externo não lhe dá; certamente alguma coisa que nossa religião deveria conter mas não contém ou não mais contém, pelo menos para o homem pós-moderno. Para ele, as várias formas de religião não parecem mais vir de dentro, da psique; elas parecem mais pedaços do inventário do mundo exterior. Nenhum espírito que não seja deste mundo é capaz de lhe garantir uma revelação interior; em vez disso, ele experimenta uma variedade de religiões e crenças como se fossem roupas de domingo, desfazendo-se delas como faz com uma roupa usada.*[10]

O homem está buscando o conhecimento interior. Depois de séculos de fé cega, estamos testemunhando o florescimento de uma busca pessoal pelo eu interior. Isso levou a um maior interesse em astrologia, psicologia, fenômenos psíquicos, parapsicologia, espiritualismo, teosofia etc. A característica fundamental desse movimento é a busca pelo conhecimento por meio da experiência. Jung segue dizendo:

> *O homem moderno abomina a fé e as religiões baseadas nela. Ele as considera válidas apenas na medida em que seu conteúdo de conhecimento parece concordar com sua própria experiência da vida psíquica. Ele quer saber — isto é, experimentar por si mesmo.*[11]

Essa mudança radical no pensamento se deve a duas causas: o sucesso da ciência em explicar nosso mundo tridimensional e a evolução global da consciência pessoal. Quando a Igreja Católica perdeu o controle sobre nossas crenças, a humanidade abraçou o conceito de conhecimento em vez da fé. As novas religiões que surgiram nos últimos séculos enfatizam cada vez mais a experiência direta, e muitas contêm uma camada de ciência. Para muitas pessoas, o dogma, a forma ritualizada de adoração e a objetificação de Deus retiraram experiências místicas de nossas principais religiões. Por conta disso, há um número crescente de pessoas que decidiram seguir o caminho da espiritualidade. A real busca pela experiência religiosa está ocorrendo nas mentes de homens e mulheres. Estamos começando a buscar significado nas profundezas de nosso próprio ser, alcançando e experimentando os reinos mais elevados de nossa própria consciência.

PSICOLOGIA E CONSCIÊNCIA

A consciência é um componente essencial da psicologia através de teorias que tentam explicar o funcionamento da mente. A maioria das teorias sobre a consciência reconhece a existência de diferentes níveis, incluindo o consciente, o pré-consciente, o inconsciente pessoal e o coletivo.

A compreensão do inconsciente remonta ao início da história. Plotino no século II d.C., Santo Agostinho no século IV e Cudworth no século XVII mencionaram o conhecimento ilimitado e as características intuitivas da mente.[11] O inconsciente era visto como uma fonte de sabedoria e iluminação e, como tal, era reconhecido como uma ligação importante às dimensões espirituais.

Em nosso mundo moderno, o conceito geral de processos mentais inconscientes foi concebido por volta de 1700 e tornou-se moda por volta de 1870-1880. Gradualmente, a racionalidade da ciência assumiu o controle e, no início do século XIX, uma forma de psiquiatria divorciada da religião começou a tomar forma. No final do século XIX, o estudo da psique havia perdido suas conotações religiosas e era considerado um fenômeno científico. O primeiro polo de consciência a ser estudado foi o ego. O ego foi definido como o componente da personalidade que é consciente, controla mais diretamente o comportamento e está mais em contato com a realidade externa do corpo.

Antes que a psicologia pudesse desenvolver sua perspectiva "transpessoal", ela precisava primeiro concluir seu desenvolvimento científico. Isso foi alcançado principalmente por Freud, que era médico e cientista. Ele foi o primeiro psiquiatra a ajudar seus pacientes estudando suas crenças subconscientes. A abordagem principal de Freud foi trazer à tona material inconsciente da infância. Freud criou um modelo da mente dividido em sistemas consciente, pré-consciente e inconsciente. O sistema consciente contém aquelas ideias das quais estamos cientes. O sistema pré-consciente contém ideias das quais não estamos imediatamente cientes, mas que podem ser trazidas à consciência ao nos concentrarmos nelas. Em contraste, o sistema inconsciente contém ideias que reprimimos. Carl Jung expandiu a teoria de Freud ao subdividir o inconsciente em um inconsciente pessoal e um coletivo. O inconsciente pessoal é o lugar onde começa a maior parte da psicoterapia clássica moderna.

Nos últimos cinquenta anos, toda uma série de desenvolvimentos, conhecidos coletivamente como Psicologia Transpessoal, reconectou os traumas da mente com as emergências espirituais.[12] Essas novas teorias estão levando a psicologia ao reino da espiritualidade. A psicologia transpessoal é baseada nas ideias de que: (a) uma realidade transcendente subjaz e une todos os fenômenos; (b) os indivíduos podem experienciar diretamente essa realidade; e que (c) essa experiência envolve uma expansão da consciência além dos limites comuns da percepção do ego.[13] A psicologia transpessoal lida com o aspecto de nossa consciência que vai além dos limites do espaço e do tempo. Ela explora a alma, sua relação com o ego e a quarta dimensão da consciência.

Um dos pioneiros mais ilustres da psicologia transpessoal foi Roberto Assagioli, nascido em Veneza, em 1888. Ele morreu em 1974 depois de dedicar sua vida ao desenvolvimento do ramo da psicoterapia conhecido como tese da psicossíntese. As técnicas de psicossíntese conquistaram um número considerável de seguidores nos círculos terapêuticos desde o final dos anos 1950. A diferença básica entre a tese da psicossíntese e a psicanálise clássica é que a primeira reconhece a existência da alma. Enquanto a maioria dos psicólogos clássicos está interessada apenas no aspecto egóico da personalidade, na psicossíntese a pessoa é considerada uma alma com uma personalidade egóica. A prática da psicossíntese envolve a reintegração, ou sintonia, do ego com a alma. Está relacionada com todo o espectro da consciência e com a reunião (síntese) de partes fragmentadas da personalidade reprimida. Na psicossíntese, encontramos uma ponte entre religião e psicologia.

Um aspecto da psicoterapia transpessoal que tem uma influência considerável em nossa investigação é o transtorno dissociativo de identidade (TDI), anteriormente denominada perturbação de personalidade múltipla.

Os pesquisadores estão descobrindo que as pessoas que sofrem de TDI geralmente não têm conhecimento de suas diferentes personalidades. As várias personalidades aparecem com habilidades diferentes, capacidades diferentes e condições de saúde diferentes. Uma personalidade pode apresentar sintomas de diabetes, enquanto outras não. Uma personalidade pode apresentar miopia e outra hipermetropia; uma pode ser destra e outra pode ser canhota.

Um psiquiatra de Chicago, Bennett Braun, relatou o caso de uma mulher que exibiu marcas de queimadura na pele quando uma certa personalidade surgiu na terapia. As marcas de queimadura desapareciam quando uma personalidade diferente estivesse presente. Essa mulher foi severamente torturada na infância por seu irmão e sua mãe, que apagaram cigarros acesos em seu braço. Scott Miller, um psicólogo da Califórnia, relata o caso de um paciente em crise de abstinência de heroína que ficou sem sintomas quando outra personalidade apareceu e assumiu o controle. [14]

Durante a terapia de pacientes com TDI, é normal que o terapeuta descubra uma personalidade que é o "ajudante interno". Essa personalidade é sempre cooperativa, demonstra uma grande visão, não tem emoções negativas e é alegre e compassiva. Essa personalidade aparece em todos os casos de TDI. Ao contrário de outras, cuja origem pode ser rastreada por meio da hipnose e da regressão a um determinado período traumático, é provável que o ajudante interno diga: "Sempre estive aqui". [15] Para mim, o ajudante interior, o aspecto de nossa consciência que diz: "Sempre estive aqui", é a alma.

O que aprendemos com o TDI, que é importante para nossa investigação, é que as mentes de diferentes personalidades são capazes de manifestar diferentes condições físicas no mesmo corpo, ilustrando assim o poder da mente sobre o corpo ou a ligação íntima que existe entre a mente-ego e a mente-corpo.

A regressão por meio da hipnose a eventos da infância que levaram ao desenvolvimento de comportamentos disfuncionais do presente é uma ferramenta bem documentada, usada por terapeutas em todo o mundo para criar uma resposta catártica em um paciente. Os praticantes da psicologia transpessoal também usam a regressão para resolver os traumas atuais, levando os pacientes a eventos de "vidas passadas" que ocasionaram traumas presentes. A crença em vidas passadas tem séculos e mais de dois terços da população mundial defende essas ideias. Como essas memórias transcendem o espaço e o tempo, elas devem estar associadas ao campo de energia da alma e à superior quarta dimensão da consciência. Como o psicólogo transpessoal

Roger Woolger aponta em seu relato oficial sobre regressões a vidas passadas[12], não é necessário acreditar na reencarnação para que a terapia de vidas passadas seja eficaz. Tudo o que é necessário é uma crença comum a todas as escolas de psicoterapia — o poder de cura da mente inconsciente.

RESUMO

Aqui estão os pontos principais deste capítulo:

1. As três principais fontes de nossas histórias cosmológicas — ciência, religião e psicologia — estão todas fundamentalmente relacionadas ao conceito de consciência.
2. A ciência se cruza com a consciência (no nível quântico) por meio de nossas crenças.
3. A religião se cruza com a consciência por meio de nossas experiências espirituais.
4. A psicologia se cruza com a consciência por meio de nossas experiências emocionais.
5. Nossas personalidades são compostas por dois polos: o ego e a alma.
6. As crenças (conscientes e inconscientes) de nossos egos podem criar experiências emocionais positivas e negativas.
7. A manifestação física de um estado potencial de ser é influenciada por nossas crenças, impulsionada por nossas emoções e formada por meio de nossos pensamentos.
8. A prática da atenção plena permite que nos conectemos com nossas almas para que possamos nos tornar observadores das experiências emocionais de nossos egos.
9. Mente-ego e mente-corpo estão intimamente ligadas.

No próximo capítulo, descreverei e explorarei a quarta dimensão da consciência (o lar da alma), e mostrarei como ela é diferente da terceira dimensão da consciência (o lar do ego).

3

A Quarta Dimensão da Consciência

A vida como a conhecemos na Terra é um grande experimento na evolução da consciência. Achamos que vivemos em um mundo físico tridimensional de forma e massa. Na realidade, vivemos em um mundo quadridimensional de campos de energia interconectados.

No capítulo anterior, afirmei que matéria e energia são equivalentes, e que toda matéria é uma manifestação de energia. Além disso, a energia pode existir como partícula com uma carga elétrica ou como uma onda de informação que contém todos os estados potenciais da partícula.

A realidade da partícula é tridimensional: ela tem propriedades físicas específicas. A realidade da onda é quadridimensional: é um campo de energia, sem limites de espaço e tempo. Assim, tudo em nosso universo existe como matéria, em forma física tridimensional e, ao mesmo tempo, existe como ondas de potencialidade em um campo energético quadridimensional. O aspecto de nossa personalidade que vive no mundo físico tridimensional é nosso ego. O aspecto de nossa personalidade que vive no mundo energético quadridimensional é nossa alma. Nossos egos operam com a percepção tridimensional e nossas almas operam com a percepção quadridimensional.

Na raiz do problema de compreender a consciência quadridimensional está nossa percepção. Temos cinco sentidos físicos por meio dos quais percebemos o mundo. Tudo o que podemos saber pessoalmente sobre nosso mundo físico externo é experienciado por meio desses sentidos. Os sentidos físicos que a espécie humana desenvolveu são extremamente limitados em termos das frequências de vibração que podem sentir e, consequentemente, estão em desacordo com muito do que a ciência nos diz. Existem vastas faixas de som que não podemos ouvir e existem vastas faixas de radiação que não podemos ver ou sentir. É como se estivéssemos presos dentro de um corpo que só nos permite experimentar uma parte muito pequena da realidade — o mundo tridimensional das formas físicas.

A ciência entendeu há muito tempo que vivemos em um universo multidimensional. Einstein estava familiarizado com esse conceito. Ele disse uma vez:

> *Alguém que não é um matemático é tomado por um estremecimento misterioso ao ouvir falar de coisas quadridimensionais, por um sentimento que diz que isso não é diferente do oculto. Mas não há afirmação mais comum do que a de que o mundo em que vivemos é um continuum quadridimensional.*[13]

Vivemos em um mundo multidimensional, mas devido às limitações de nossos sentidos, percebemos apenas três dessas dimensões. Assim, podemos afirmar que a *tridimensionalidade e a forma física não são uma propriedade do mundo, mas uma propriedade de nossos sentidos.*

Consequentemente, é complicado para vivenciarmos e compreendermos a realidade energética e quântica da quarta dimensão. Um mundo onde o espaço e o tempo se entrelaçam em um único continuum desafia nossos sentidos e nossas crenças. Embora Einstein tenha nos mostrado que energia e massa são intercambiáveis ($E = mc^2$), um mundo totalmente feito de campos de energia é quase impossível de se imaginar.

Uma das maneiras pelas quais podemos começar a entender a quarta dimensão da percepção é comparando a percepção que existe em um mundo bidimensional com a percepção que existe em um mundo tridimensional. Então, ao extrapolar a diferença entre a percepção bidimensional e a tridimensional, podemos ter uma ideia de como a percepção quadridimensional se compara à percepção tridimensional. Permita-me explicar como fazer isso.

O EXERCÍCIO DOS CINCO DEDOS

Pegue uma folha de papel e coloque-a em uma superfície plana. Imagine que há uma pessoa muito pequena vivendo na superfície deste papel, que é conhecida como "Planolândia". Para essa pessoa, o mundo tem comprimento e largura, mas não tem altura. Em outras palavras, essa pessoa opera em um mundo de percepção bidimensional (ela não consegue perceber a altura). Aparece um ser humano com percepção tridimensional (essa pessoa pode perceber a altura) e coloca os dedos de uma mão no papel — na superfície da Planolândia.

Imagine agora, que a pessoa que mora em Planolândia saia para um passeio matinal. Ao passar por este lugar ontem, ela não notou nada de diferente. De repente, da noite para o dia, cinco círculos separados apareceram (a projeção na consciência bidimensional dos cinco dedos). O ser bidimensional fica perplexo com a aparência dos cinco círculos. Ele liga para sua amiga, uma cientista bidimensional, e pede que ela explique a natureza dos cinco círculos. A cientista explora os cinco círculos usando sua lógica bidimensional.

Seus experimentos mostram que os círculos podem se mover de forma independente dentro de certos limites, mas se ela colocar uma força em um círculo, no fim parecerá arrastar os outros círculos com ele (embora os dedos da mão estejam separados, eles estão conectados, mas em uma dimensão de percepção [altura] que a cientista bidimensional não consegue perceber). A cientista bidimensional repete seus experimentos. Ela constrói equações para verificar a relação dos círculos entre si e, em pouco tempo, acredita que sabe tudo o que há para saber sobre os cinco círculos separados. Ela publica um artigo sobre os cinco círculos separados e convoca uma reunião da academia de cientistas bidimensionais para mostrar a eles sua descoberta. Os cientistas bidimensionais repetem os experimentos e obtêm resultados muito semelhantes. Todos no mundo bidimensional acreditam que sabem tudo o que há para saber sobre os cinco círculos separados.

Vistos da perspectiva da percepção tridimensional, sabemos que esses não são cinco círculos separados. São cinco dedos conectados, que fazem parte de um organismo vivo. Os seres bidimensionais estão completamente inconscientes dessa realidade maior. Eles acreditavam que os cinco círculos estavam fisicamente separados, mas de alguma forma ligados, provavelmente por meio de algum tipo de campo de força energética. Eles não têm noção da conexão que existe em uma dimensão superior de percepção.

Essa é exatamente a situação em que nos encontramos em relação à quarta dimensão da percepção. Temos inúmeras experiências que parecem desconectadas, mas na realidade estão ligadas e têm sua causa na quarta ou até mesmo em dimensões superiores da consciência. Algumas delas tentamos explicar com nossa lógica tridimensional (que é o domínio da ciência), e outras são simplesmente inexplicáveis (essas que classificamos como experiências paranormais, sincronísticas, mágicas, religiosas ou milagrosas). Usamos essas classificações para encobrir nossa ignorância porque não temos uma compreensão completa das ligações que existem na dimensão superior da consciência, onde essas experiências se originaram.

Quando focamos nossa percepção exclusivamente na terceira dimensão, estamos nos concentrando em um mundo de símbolos e efeitos, cujas origens podem estar nas dimensões superiores da consciência. A pessoa comum que confia em seus sentidos tridimensionais simplesmente não tem percepção da maior conectividade ou unidade que existe nas dimensões superiores da consciência.

Vamos usar outra analogia. Pegue um pente e cubra a metade superior. O que você vê são os dentes desconectados do pente. Você vê separação. Ao descobrir a metade inferior do pente, você pode ver que os dentes estão unidos em um nível mais alto. Você vê conexão; você vê unidade. De fato, os dentes do pente sem a conexão de nível superior se desintegrariam e não poderiam cumprir um propósito útil.

Como seres humanos, somos assim. O que percebemos em nossa consciência tridimensional são seres humanos separados (dentes do pente). Quando elevamos nossa percepção a um plano superior de consciência, podemos ver a conexão. Assim como é difícil entender o significado e o propósito dos dentes separados, até que estejamos cientes de que eles pertencem a um pente, também é difícil entender quem somos e nosso propósito até percebermos que somos todos almas conectadas por campos de energia na quarta dimensão e dimensões superiores da consciência.

Há mais um ponto que devemos considerar sobre o exercício dos cinco dedos. Da mesma forma pela qual os seres bidimensionais que vivenciavam os fenômenos dos "cinco círculos" não suspeitavam que os círculos eram controlados pela mente de um ser tridimensional, nós, em nosso mundo tridimensional, não temos consciência do controle que nossas almas exercem em nossas vidas a partir da quarta dimensão da consciência. Quando compreendermos essa realidade superior de nossa existência, veremos que certos eventos se manifestam em nossa vida porque nossas almas os escolheram como oportunidades para cumprirmos seus propósitos.

Aqueles que parecem eventos aleatórios ou encontros casuais pode acontecer devido a conexões intencionais que ocorrem entre almas em uma dimensão superior de consciência, da qual simplesmente não somos conscientes. Geralmente são descritos como eventos sincronísticos. O renomado psicólogo Carl Jung descreveu a sincronicidade como "*eventos desconectados com um significado comum*". Em minha experiência, se você cavar fundo o suficiente, sempre descobrirá que eventos e encontros casuais quase sempre têm um significado que, de alguma forma, promovem os propósitos da alma. É como se as experiências sincronísticas fossem comunicações de nossas almas projetadas não apenas para chamar nossa atenção, mas para transmitir uma mensagem importante.

Como explicarei mais adiante, os eventos sincronísticos são apenas um dos canais de comunicação para recebermos orientação de nossas almas. Quando você se tornar mais atento à sua verdadeira realidade (uma alma energética em um corpo físico humano), você descobrirá que sua alma pode se comunicar com você e você pode se comunicar com sua alma.

É por isso que chamei esse livro de *O que minha alma me disse*. Na verdade, eu não escolhi esse título. É o título que minha alma me contou. Eu chamo essa forma de comunicação e a tomada de decisão que se segue de *inspiração*. Ao contrário da intuição, que explora o campo coletivo da inteligência humana para nos ajudar a resolver dilemas e problemas em nossa vida cotidiana, a inspiração é a forma como recebemos sugestões e instruções diretamente de nossa alma. A inspiração surge como um pensamento persistente que não desaparece, ou é uma diretriz direta sobre o que você precisa fazer para realizar os propósitos de sua alma. Sua alma continuará a lhe estimular até que você aja. O propósito da inspiração é apoiá-lo no cumprimento dos propósitos de sua alma de levar uma vida guiada por valores e por propósitos.

Com base nessa compreensão da terceira e quarta dimensões da realidade, você pode ver que não temos uma ideia clara sobre o que realmente está acontecendo em nosso mundo físico quando usamos a lógica tridimensional. Assim como a cientista bidimensional acreditava que sabia tudo o que havia para saber sobre os cinco círculos separados, nossos cientistas tridimensionais acreditam que entendem completamente os fenômenos tridimensionais que ocorrem em nosso mundo. O que somos capazes de observar por meio de nossos sentidos físicos é apenas parte da nossa realidade. O que vemos é a projeção das dimensões superiores da consciência em nosso mundo tridimensional, e sempre a confundimos com toda a experiência. A ciência e a medicina estão presas à ilusão de explicar eventos físicos tridimensionais que têm suas origens na realidade energética multidimensional de nossas almas e no campo de energia universal.

A ciência quer que acreditemos que nada existe além dos limites de nossa percepção tridimensional, ao passo que muito do que estamos nos esforçando para compreender está enraizado em outros níveis de consciência, dos quais estamos apenas vagamente conscientes. Quando você entende isso, começa a perceber que nossa interpretação dos eventos é, na melhor das hipóteses, fragmentada e, na pior, um produto de intensa racionalização sobre uma base incompleta de conhecimento. Somos como os cientistas bidimensionais tentando explicar algo que não pode ser totalmente explicado, a menos que elevemos nossa percepção a uma dimensão superior de consciência.

Você pode perguntar: "Por que não temos mais percepção da quarta dimensão da consciência (ou outras superiores) em nossa vida cotidiana?" A resposta é que aprendemos a bloquear essa perspectiva por meio do condicionamento tridimensional. Todos nascemos com a consciência da alma, mas perdemos essa percepção quando nos envolvemos em nossa realidade física tridimensional e na necessidade de manter nossos corpos vivos. Desenvolvemos nossos egos para apoiar nossa sobrevivência e nos proteger de ameaças físicas. À medida que nos tornamos mais absortos no mundo tridimensional da forma e da massa, gradualmente nos isolamos do reino energético da quarta dimensão da consciência.

Nem todo mundo se fecha completamente. Algumas pessoas conseguem manter certos aspectos de sua percepção quadridimensional. Outros descobriram que podem se reconectar com a quarta dimensão da percepção por meio do cultivo consciente das faculdades da alma. Chamamos essas faculdades de poderes psíquicos. Elas incluem: telepatia, precognição, clarividência e clariaudiência. O que é comum a todas essas experiências é que todas elas envolvem o acesso às informações contidas na quarta dimensão da percepção, ou além dela.

Centenas de milhares de pessoas em todo o mundo desenvolveram essas habilidades. Na era pré-moderna, essas pessoas eram chamadas de bruxas e magos. Em nossa era moderna, nós os chamamos de médiuns ou xamãs. Para aqueles que estão fortemente apegados à sua realidade tridimensional, essas habilidades são consideradas anormais e assustadoras. Quanto ao resto, aqueles que têm a mente aberta ou estão tentando recuperar as faculdades de suas almas, são afirmações de nossa realidade multidimensional maior.

Podemos aprofundar nossa compreensão da quarta dimensão da realidade comparando as propriedades fundamentais da percepção tridimensional com as propriedades fundamentais da percepção quadridimensional. As propriedades da percepção tridimensional são tempo, espaço e matéria. Tempo e espaço juntos dão a ilusão da separação; tempo e matéria juntos dão a ilusão de morte e deterioração; e espaço e matéria juntos dão a ilusão de forma ou massa física (tamanho e formato).

As propriedades fundamentais da percepção quadridimensional são atemporalidade, onipresença e energia. Não há percepção de passado e futuro. Há apenas um momento eterno que chamamos de *agora*. Da mesma forma, não há percepção de espaço, porque toda comunicação ocorre instantaneamente. Como não há percepção de tempo ou espaço que nos dê a ilusão de separação, experimentamos uma sensação de unidade. Como não há percepção de tempo ou matéria que nos dê a ilusão de morte e deterioração, experimentamos uma sensação de ser. Finalmente, como não há matéria e espaço para nos dar a ilusão de forma ou massa física, só podemos experimentar o fluxo e refluxo de energias positivas e negativas no presente eterno.

EMOÇÕES HUMANAS

Se realmente quisermos entender e nos sentir conectados à quarta dimensão da consciência e à realidade de nossa alma, precisamos nos entender como seres energéticos. Precisamos estar cientes e constantemente em contato com nossas emoções e sentimentos, porque essa é a nossa conexão com a realidade energética quântica e com o mundo de nossas almas.

Se compararmos nossas emoções humanas com uma escala de piano, as oitavas mais graves representam vários graus de medo e operam em baixas frequências de vibração. As oitavas mais agudas representam vários graus de amor e operam em altas frequências de vibração. No meio, formando uma ponte entre o medo e o amor, está a oitava que representa a confiança. Não podemos amar até confiarmos, e não podemos confiar até eliminarmos o medo. O medo é a energia que mantém o ego preso na realidade tridimensional e nos impede de experimentar a confiança e o amor de nossa alma na realidade quadridimensional.

Em seu livro, *Poder vs. Força*, o Dr. David R. Hawkins classifica as principais emoções humanas de acordo com sua frequência de vibração.[14] Elas são mostradas na tabela a seguir.

Medo/ Confiança/ Amor	Experiência	Emoção	Impacto da emoção
AMOR	Esclarecimento Paz Alegria Amor Razão Aceitação Disposição	Inefável Êxtase Serenidade Reverência Compreensão Perdão Otimismo	Consciência pura Iluminação Transfiguração Revelação Abstração Transcendência Intenção
CONFIANÇA	Neutralidade	Confiança	Libertação
MEDO	Coragem Orgulho Raiva Desejo Medo Luto Apatia Culpa Vergonha	Afirmação Desprezo Ódio Desejo Ansiedade Arrependimento Desespero Culpa Humilhação	Empoderamento Inflação Agressão Escravidão Retirada Desânimo Abdicação Destruição Eliminação

Níveis relativos de vibração emocional

As vibrações de baixa frequência são mostradas na parte inferior da tabela e as vibrações de alta frequência estão na parte superior da tabela. No meio, encontramos confiança. As vibrações de baixa frequência representam emoções que levam a sentimentos de medo e separação, e as vibrações de alta frequência representam emoções que levam a sentimentos de amor e conexão. Quando vivemos em uma consciência tridimensional, os medos de nossos egos tendem a nos manter focados na faixa de emoções de baixa frequência. Quando vivemos na consciência da alma quadridimensional, passamos a maior parte do tempo na faixa superior de frequência das emoções, baseada no amor. A mudança da consciência do ego para a consciência da alma exige que abandonemos as vibrações de baixa frequência e passemos para as vibrações de alta frequência — abraçar o otimismo em vez do pessimismo, o perdão em vez do ódio, a serenidade em vez da ansiedade e a compreensão em vez do arrependimento.

RESUMO

Aqui estão os pontos principais deste capítulo:

1. Vivemos em um universo multidimensional.
2. Nossos egos operam em um mundo físico com percepção tridimensional, e nossas almas operam em um mundo energético com percepção quadridimensional.
3. As propriedades da percepção tridimensional são tempo, espaço e matéria.
4. As propriedades da percepção quadridimensional são atemporalidade, onipresença e energia.
5. Se quisermos nos sentir conectados à realidade de nossas almas, precisamos nos entender como seres energéticos; precisamos estar cientes e constantemente em contato com nossas emoções e sentimentos.
6. A mudança da consciência do ego para a consciência da alma exige que abandonemos nossas emoções de baixa frequência baseadas no medo.

No próximo capítulo, definirei o propósito e o significado da consciência e descreverei os três estágios universais da evolução.

4

A evolução da consciência

Uma das principais características do modelo multidimensional da realidade é que ele nos permite fazer uma distinção clara entre a mente e o cérebro. O cérebro faz parte da nossa realidade física tridimensional. A mente, por outro lado, faz parte de nossa realidade energética quadridimensional. A mente está no campo de energia, não no cérebro. Como o cérebro é composto de matéria, ele também tem um campo de energia. Assim, pode-se dizer que a mente é o campo de energia do cérebro ou, alternativamente, que a funcionalidade do cérebro e da mente estão intimamente entrelaçadas no campo de energia do corpo.

Essa conclusão se alinha à pesquisa de Karl Lashley, o pai da psicologia fisiológica moderna e um dos pesquisadores do cérebro mais influentes na primeira metade do século XX. Em uma série de experimentos, que envolveram treinar ratos para correr em um labirinto e depois remover diferentes partes do cérebro para ver onde a memória de correr o labirinto estava localizada, ele descobriu que a memória não é mediada por nenhum sistema neural específico, mas sim distribuída difusamente no cérebro. Eu sugeriria que essa conclusão se alinha perfeitamente com a hipótese de que a memória, que é uma função da mente, está localizada no campo de energia do cérebro.[15]

O cérebro não é a única parte do corpo que tem uma mente. O corpo também tem uma mente. Com apoio médico, o corpo pode se manter vivo mesmo quando o cérebro está clinicamente morto. O que mantém o corpo vivo nessas situações é sua capacidade de tomar decisões nos níveis atômico e celular, que regulam o funcionamento do corpo. Em biologia, essa habilidade é conhecida como homeostase. Este é um processo automático que não requer nenhuma contribuição de sua mente consciente. A homeostase é o rótulo que damos à função da mente-corpo que nos permite permanecer vivos. Para funcionar, a mente-corpo depende da percepção coletiva dos átomos e células que compõem o corpo humano.

Além da mente-corpo, que regula o funcionamento *interno* do corpo para que ele possa se manter vivo, cada um de nós também possui uma mente-ego. A mente-ego é o centro de percepção do corpo que está conectado à mente/cérebro, que regula o funcionamento *externo* do corpo, para que o ele possa ser mantido seguro e protegido de danos.

Isso nos leva a uma questão fundamental: *Qual é a principal função da mente?*

Eu diria que a função principal de toda a mente (mente-corpo e mente-ego) é receber informações, analisá-las e, com base nos resultados dessa análise, tomar decisões que, de alguma forma, apoiem a viabilidade (sobrevivência, segurança e proteção) da entidade que tem a mente. A mente toma decisões que resultam em ações que apoiam o funcionamento da entidade no mundo físico e social de sua realidade tridimensional. Para receber informações, a entidade em questão deve estar consciente — deve estar ciente das mudanças que estão acontecendo dentro de si mesma e em seu ambiente externo que possam comprometer sua capacidade de permanecer fisicamente viável, para que consiga tomar medidas para remediar tais situações.

Assim, podemos definir a consciência como uma percepção com um propósito. E o propósito da consciência é manter a estabilidade interna e o equilíbrio externo de uma entidade em sua estrutura física de existência.

Quando aplicamos esse raciocínio à evolução em geral e particularmente ao corpo humano, rapidamente chegamos à conclusão de que nossa existência depende de uma cadeia de percepções conscientes operando em diferentes planos do ser.

PLANOS DO SER

Para entender como os diferentes planos do ser surgiram, precisamos voltar nossa atenção para o tópico da evolução.

De acordo com nossos cientistas tridimensionais, tudo o que existe em nosso universo se originou de um Big Bang que ocorreu há catorze bilhões de anos. Depois disso, tudo se resumia à evolução: a evolução da energia em matéria, da matéria em organismos vivos e dos organismos vivos em criaturas. Uma dessas criaturas — o *Homo sapiens* — está agora envolvida na tentativa de passar o bastão da evolução para o próximo nível.

Quando digo que tudo no universo teve suas origens há catorze bilhões de anos, quero dizer literalmente *tudo*, incluindo não apenas o mundo físico dos átomos, células e *Homo sapiens*, mas também o mundo dos instintos, pensamentos, sentimentos, crenças e valores. De fato, a evolução não poderia ter ocorrido se os reinos interiores — as faculdades da mente — não tivessem evoluído em paralelo com os reinos externos — as faculdades físicas de uma entidade, incluindo o cérebro.

De uma perspectiva evolutiva, as disciplinas modernas da física, química, biologia, psicologia e sociologia, quando escritas nessa ordem, representam a ordem cronológica dos diferentes estágios da evolução.

A física nos fornece informações sobre a realidade quântica do campo de energia que foi criado imediatamente após o Big Bang, que acabou levando ao surgimento dos átomos. A química nos fornece informações sobre a evolução do mundo atômico e as estruturas moleculares que levaram à criação das primeiras células. A biologia nos fornece informações sobre a evolução das células e dos organismos que levaram à criação das primeiras criaturas. A psicologia/sociologia nos fornece insights sobre a evolução de seres humanos como indivíduos e suas estruturas de grupo, como grupos, tribos, cidades-estados e nações.

Cada uma das entidades estudadas nessas disciplinas representa um plano de ser distinto — o plano energético, o plano atômico, o plano celular e o plano das criaturas (que inclui o *Homo sapiens*). Aqui na Terra, cada plano de ser forneceu uma plataforma estável que possibilitou a evolução das entidades para o próximo plano de ser (veja a tabela a seguir).

Assim, no que diz respeito à vida na Terra, a evolução progrediu quando os átomos se tornaram viáveis e independentes e depois se uniram para formar moléculas que cooperaram entre si para formar células. Depois que as células aprenderam a como se tornar viáveis e independentes, elas se uniram para formar organismos, e os organismos cooperaram entre si até formarem criaturas. Uma dessas criaturas (o *Homo sapiens*) está aprendendo a como se tornar viável e independente (individuar) e como se relacionar com outros membros da espécie para formar grupos, tribos, cidades-estados e nações; e as nações agora estão aprendendo a cooperar umas com as outras para criar entidades regionais de ordem superior, como a União Europeia, e entidades globais, como as

Nações Unidas.[16] O próximo estágio da evolução resultará na criação de um novo plano de ser que surgirá da consolidação das nações em uma entidade global. Chamei esse plano de ser de: humanidade.

<table>
<tr><th>Sub-planos</th><th>Planos do Ser</th></tr>
<tr><td>Grupos, tribos, cidades-estados, nações</td><td rowspan="3">Criaturas (Homo sapiens)</td></tr>
<tr><td>Famílias</td></tr>
<tr><td>Humanos</td></tr>
<tr><td>Organismos complexos</td><td rowspan="3">Plano celular</td></tr>
<tr><td>Organismos</td></tr>
<tr><td>Células</td></tr>
<tr><td>Moléculas complexas</td><td rowspan="3">Plano atômico</td></tr>
<tr><td>Moléculas</td></tr>
<tr><td>Átomos</td></tr>
<tr><td colspan="2">Plano energético: Realidade Quântica</td></tr>
</table>

Planos do Ser

ESTÁGIOS UNIVERSAIS DA EVOLUÇÃO

Com base na explicação anterior, podemos ver na tabela acima que cada plano de ser pode ser dividido em três subníveis de existência, diferenciados por escala e complexidade: o plano de ser de uma entidade individual; o plano de ser das estruturas de grupo que são compostas por essa entidade; e o plano de ser dos grupos de estruturas de grupo. Alguns desses evoluem para formar a próxima entidade de ordem superior na cadeia do ser e tornarem-se entidades individuais nesse novo plano de ser, e alguns não continuam mais evoluindo. Em meus livros anteriores,[17] chamo essa progressão evolutiva de “os três estágios universais da evolução”.

Etapa 1: Tornar-se viável e independente

As entidades físicas (átomos, células e humanos) devem primeiro se tornar viáveis e independentes em sua estrutura de existência. Se não forem viáveis e independentes, perecerão e se desintegrarão em suas partes componentes em um plano inferior de existência. A consciência é o meio pelo qual as entidades são capazes de manter sua estabilidade interna e equilíbrio externo. Sem consciência, elas não estariam cientes das mudanças que ameaçam sua existência e não seriam capazes de tomar medidas corretivas para permanecerem viáveis (continuarem vivos) em nossa realidade física tridimensional.

Etapa 2: Ligação para formar uma estrutura de grupo

Quando as condições estruturais de uma entidade se tornam mais complexas e ameaçam sua sobrevivência, ela deve aprender a se relacionar com outras entidades para criar estruturas de grupo (moléculas, organismos e famílias) que preservem a integridade de cada entidade ao aumentar a resiliência do grupo. A consciência combinada das entidades individuais trabalha para apoiar o bem do grupo.

Estágio 3: Cooperar para formar uma entidade de ordem superior

Quando as condições estruturais se tornam ainda mais complexas e ameaçadoras, o grupo deve aprender a cooperar com outros grupos para criar uma entidade de ordem superior (moléculas complexas, organismos e grupos complexos, tribos, cidades-estados e nações) que preserve a integridade e aumente a resiliência de cada entidade e de cada grupo. A consciência combinada de cada grupo trabalha de forma colaborativa para apoiar a sobrevivência da entidade de ordem superior.

Esse processo de três estágios explica como entidades individuais em cada plano do ser se estabeleceram em sua estrutura de existência; como elas então se uniram para formar estruturas de grupo; e então como essas estruturas de grupo cooperaram para formar a entidade de ordem superior seguinte que evoluiu para o plano do ser seguinte. Os principais fatores que possibilitam esse processo evolutivo são a capacidade das entidades em cada plano e subplano do ser de manter alguma forma de "homeostase", unir-se e cooperar.

Assim, o maior avanço da atual evolução de quatro bilhões de anos em nosso planeta é a capacidade de nossa espécie mais avançada (o *Homo sapiens*) de se unir para formar nações e para que essas nações cooperem umas com as outras para formar entidades regionais e globais, a fim de tornar tangível o conceito de humanidade. Essa perspectiva é explicada em detalhes no Volume 1 do meu livro *Love, Fear and the Destiny of Nations: The Impact of the Evolution of Human Consciousness on World Affairs.*[18]

A CAPACIDADE DE CRIAR VÍNCULOS E COOPERAR

Em cada plano do ser, apenas uma entidade entre as muitas variantes que evoluíram se tornou a base principal ou alicerce estável para o plano de existência subsequente. No plano atômico, era o átomo de carbono. No plano celular, era a célula *eucariótica*. E, no plano das criaturas, é o *Homo sapiens.*

Se você fizer a pergunta: "Quais qualidades essas entidades específicas (o átomo de carbono, a célula eucariótica e o *Homo sapiens*) compartilham que as tornam os principais atores na cadeia da evolução?", você começará a ver o surgimento do padrão subjacente à evolução. A resposta a essa pergunta é, simplesmente, *a capacidade de se relacionar e cooperar*.

O átomo de carbono é um dos elementos mais estáveis porque tem quatro elétrons disponíveis para ligação covalente. A ligação covalente é a forma mais estável de ligação. Envolve o compartilhamento de elétrons entre pares de átomos. Devido à sua propensão à ligação, o carbono foi capaz de formar moléculas complexas duráveis que são encontradas em todo o corpo humano. O carbono é o segundo elemento mais abundante no corpo humano depois do oxigênio e o quarto elemento mais abundante no universo depois do hidrogênio, hélio e oxigênio. Existem mais compostos de carbono do que todos os outros elementos juntos. O carbono é o átomo que forma a base química de quase todas as formas de vida conhecidas pelo homem.

A célula eucariótica difere de sua antecessora evolutiva, a célula procariótica, por causa de sua estrutura e capacidade de formar comunidades de percepção compartilhada. Ao contrário da célula procariótica, que tem suas organelas localizadas na membrana celular, a célula eucariótica desenvolveu organelas internas que permitiram que a membrana celular crescesse em tamanho e se especializasse na comunicação. Essa maior percepção e maior propensão à comunicação permitiram que as células eucarióticas cooperassem na construção de comunidades e manifestassem funções especializadas, como nas células de músculos, ossos, cérebro etc. As células eucarióticas são a base celular de toda a vida.

O *Homo sapiens*, considerado o terceiro elo na cadeia da evolução, tem uma maior propensão para união e cooperação do que qualquer outra criatura, incluindo seus primos agora extintos, o *Homo erectus* e o *Homo neanderthalensis*.

O que distinguia o *Homo sapiens* de seus primos anteriores era sua grande cavidade craniana, que permitiu o desenvolvimento e o crescimento do neocórtex: a parte do cérebro que possibilitou o pensamento, a imaginação, a fala e a linguagem — todos facilitadores da sobrevivência através da cooperação e da formação de laços sociais. É essa capacidade de comunicação, imaginação e pensamento abstrato (como antecipar eventos futuros) que muitos acreditam que deu ao *Homo sapiens* uma vantagem evolutiva sobre seus primos.

Cada átomo, molécula, célula, organismo e criatura na cadeia evolutiva do ser teve que estar ciente das mudanças em seu ambiente interno e externo em seu plano do ser e fazer mudanças apropriadas na estrutura, forma e comportamento para permanecer viável e independente naquele plano. Em outras palavras, eles tiveram que aprender a sobreviver no contexto de sua existência.

À medida que a evolução progrediu nos diferentes planos do ser, notamos uma mudança na ênfase do vínculo físico para a cooperação. Ervin László, o filósofo e teórico de sistemas húngaro, descreve essa mudança da seguinte maneira:

> *Em cada estágio da evolução, dos átomos até a sociedade humana, as energias de ligação entre as entidades diminuíram em força para serem substituídas por um aumento nas energias de cooperação e organização... Esse padrão também pode ser visto acontecendo à medida que os clãs evoluíram para tribos, e as tribos para nações. No nível do clã, há uma ligação familiar, no nível tribal, há uma ligação étnica e, no nível nacional, pelo menos em uma nação democrática, existe uma ligação de valores.*[19]

Essa mudança gradual das energias de ligação para as energias de cooperação permitiu que as entidades e suas estruturas de grupo aumentassem seu nível de percepção e também aumentassem a gama de possíveis reações ou respostas às ameaças externas.

O corpo humano nos fornece um exemplo perfeito de como a ligação e a cooperação em diferentes planos do ser operam.

ESTABILIDADE INTERNA E EQUILÍBRIO EXTERNO

Você confia em sua mente-ego para ajudá-lo a sobreviver (permanecer viável) em sua estrutura externa de existência, cooperando com outras pessoas. E confia em sua mente-corpo para regular seu funcionamento interno. No nível seguinte, as mentes de seus órgãos ajudam seu corpo a sobreviver cooperando umas com as outras para combater doenças e disfunções na estrutura externa de sua existência em seu plano do ser, e confiam nas mentes de suas células para regular seu funcionamento interno. Da mesma forma, as mentes de suas células ajudam seus órgãos a sobreviver cooperando com outras células para combater vírus e infecções na estrutura externa de sua existência, em seu plano do ser, e elas dependem da mente de suas moléculas para regular seu funcionamento interno.

E assim por diante; as mentes das moléculas regulam seu equilíbrio externo cooperando com outras moléculas e dependem da mente de seus átomos para regular seu funcionamento interno. As mentes dos átomos regulam seu equilíbrio externo cooperando com outros átomos, e confiam nas mentes de seus prótons, nêutrons e elétrons para regular sua estabilidade interna. As mentes dos prótons, nêutrons e elétrons regulam seu equilíbrio externo cooperando entre si e confiam nas mentes de suas partículas elétricas para regular seu funcionamento interno.

Em cada estágio dessa cadeia de dependência, a consciência de cada entidade é responsável por regular seu equilíbrio externo e depende das entidades do nível abaixo para regular sua estabilidade interna.

Quando chegamos ao plano do ser dos elétrons, nêutrons e prótons, chegamos ao ponto de ligação entre o mundo tridimensional e o mundo quadridimensional. A teoria quântica nos diz que as partículas elétricas (o próximo plano inferior de existência de elétrons, nêutrons e prótons) podem existir em nosso mundo físico tridimensional como partículas, e podem existir no mundo energético quadridimensional como ondas de informação.

Cada componente do nosso corpo tem uma mente que lhe permite manter a estabilidade interna e o equilíbrio externo em sua estrutura física (tridimensional) de existência de massa e forma e, ao mesmo tempo, essa mente também está tentando manter a estabilidade interna e o equilíbrio externo em sua estrutura de existência energética (quadridimensional).

Assim, a mente-corpo humana é composta pelas mentes de seus órgãos, dos quais o corpo depende para sua existência. As mentes dos órgãos são compostas pelas mentes das células das quais dependem para sua existência. Da mesma forma, as mentes das células são compostas pelas mentes das moléculas das quais elas dependem para sua existência. As mentes das moléculas são compostas pelas mentes dos átomos, dos quais elas dependem para sua existência. As mentes dos átomos são compostas pelas mentes de seus prótons, nêutrons e elétrons, dos quais dependem por sua existência. E as mentes dos prótons, nêutrons e elétrons são compostas pelas mentes das partículas elétricas, das quais dependem para sua existência. Na quarta dimensão da consciência, as mentes dessas partículas elétricas são ondas de informação contidas em um campo de energia, do qual elas dependem para sua existência. Assim, o campo de energia é a realidade fundamental de tudo em nosso mundo físico tridimensional. Portanto, manter os campos de energia de átomos, moléculas, células e órgãos alinhados e em "boas condições de funcionamento" é a chave para nossa sobrevivência física, nossa boa saúde e nosso bem-estar físico e emocional.

MODOS DE PERCEPÇÃO

Os modos de percepção que as entidades usam em cada plano do ser para estarem conscientes de seu entorno e permitir que mantenham a estabilidade interna e o equilíbrio externo são os seguintes:

No plano energético do ser, as partículas elementares e suas estruturas de grupo (elétrons, prótons e nêutrons) preservam a estabilidade interna mantendo seus campos eletromagnéticos em um estado de equilíbrio e preservam o equilíbrio externo ligando-se e cooperando com outras partículas similares e compatíveis.

Os átomos e suas estruturas de grupo (moléculas), operando no segundo plano do ser, preservam a estabilidade interna mantendo suas cargas elétricas em um estado de equilíbrio e preservam o equilíbrio externo ligando-se e cooperando com outros átomos ou moléculas semelhantes e compatíveis.

As células e suas estruturas de grupo (organismos), operando no terceiro plano do ser, preservam sua estabilidade interna mantendo sua composição eletroquímica em um estado de equilíbrio e preservam seu equilíbrio externo ligando-se e cooperando com outras células ou organismos semelhantes e compatíveis.

Os seres humanos e suas estruturas de grupo (grupos, tribos, cidades-estados e nações), que operam no quarto plano do ser, preservam sua estabilidade interna mantendo sua energia emocional em um estado de equilíbrio e preservam seu equilíbrio externo ao se unir e cooperar com outros seres humanos semelhantes e compatíveis e suas estruturas de grupo.

Considerando que todos os planos superiores do ser (células e criaturas) englobam os planos inferiores do ser (átomos e energia), todas as entidades acabam dependendo do equilíbrio dos campos de energia eletromagnética para sua sobrevivência. Acredito que seja por isso que Einstein disse: "O campo é a única realidade". Vivemos e respiramos em uma realidade física tridimensional que está dentro de um campo energético quadridimensional, não apenas individualmente, mas coletivamente.

Os grupos que formamos (grupos, tribos, cidades-estados e nações) também têm campos de energia, que são compostos pelos campos de energia de cada pessoa que é membro do grupo. Uma das maneiras pelas quais nos referimos a esse campo de energia é com o termo "cultura". Cada cultura humana tem um "ego" e uma "alma". A personalidade (ego e alma) de cada cultura é o fator chave que torna os britânicos diferentes dos franceses; os alemães diferentes dos poloneses; os japoneses diferentes dos chineses etc. Cada cultura de grupo humano, como cada indivíduo humano, está em uma jornada de aprendizado evolutivo. Comecei a explorar essa dinâmica — a evolução da consciência nacional — em meu livro *Love, Fear and the Destiny of Nations* (Volume 1).[20]

Com base no raciocínio acima, gostaria de afirmar que o campo de energia não é apenas sua realidade fundamental; é também o "lar" de sua alma. Nossas almas são campos de energia operando na quarta dimensão da consciência, que estão conectadas à nossa realidade tridimensional por sua vontade de estar no mundo físico. Quando a alma assume a forma física, a mente de cada átomo, molécula, célula e órgão fica imbuída da vontade da alma. A vontade de sobreviver, encontrada em todas as criaturas vivas, é a vontade da alma de estar presente em uma forma física tridimensional.

ENTENDENDO A EVOLUÇÃO

Com base na definição de consciência dada acima — *percepção com um propósito* — e nossa compreensão da evolução física com base nos planos do ser, podemos definir evolução como: *a contínua capacidade das entidades físicas e de suas estruturas coletivas de atingir, manter e aprimorar a estabilidade interna e o equilíbrio externo em ambientes cada vez mais complexos.*

Ou, se vista do mundo quântico da quarta dimensão da consciência, a evolução é: a contínua capacidade da consciência de se unificar no mundo físico.

Esse é o verdadeiro propósito de nossas almas: viver sem medo de forma autêntica (uma vida dirigida por valores) e manifestar seus talentos (uma vida dirigida por propósitos) na terceira dimensão da consciência para que possam se unir umas com as outras em nossa realidade física. Em outras palavras, o propósito delas é manifestar conscientemente na realidade física tridimensional o mundo que eles vivenciam na quarta dimensão da consciência — um mundo de unidade e amor. Quando formos capazes de fazer isso coletivamente, teremos criado o que as escrituras religiosas chamam de paraíso na Terra.

Nossas almas são aspectos individuados do campo de energia universal que algumas pessoas chamam de Deus e outras chamam de campo de energia de ponto zero — o campo base de energia quântica do universo que contém e conecta todas as coisas. O campo de ponto zero é "um estado de potencial puro e possibilidades infinitas".[21] É também um estado de amor infinito. À medida que eliminamos o medo de nossas vidas e construímos confiança, abrimos o espaço em nossas mentes para experimentar e manifestar o amor que existe na quarta dimensão da realidade em nosso mundo tridimensional.

RESUMO

Aqui estão os pontos principais deste capítulo:

1. A consciência pode ser definida como a percepção com um propósito.
2. O propósito da consciência é permitir que entidades vivas no mundo físico permaneçam "com vida".

3. O desejo de permanecer "com vida" e sobreviver é a vontade da alma de estar presente no mundo físico.
4. Para permanecer "com vida" no mundo físico, cada entidade e todas as suas estruturas de grupo, em todos os planos do ser, devem aprender a manter a estabilidade interna e o equilíbrio externo.
5. Como cada entidade e cada estrutura de grupo em cada plano do ser faz parte de um campo de energia, permanecer "com vida" envolve manter os campos de energia eletromagnética das entidades e suas estruturas coletivas em equilíbrio.
6. A evolução no mundo físico pode ser considerada como a contínua capacidade da consciência de se unificar na forma tridimensional.

No próximo capítulo, descreverei a composição do campo energético humano e suas conexões com o cérebro humano.

5

O campo de energia humana

Os cientistas estimam que a Terra se formou há cerca de 4,5 bilhões de anos e que as primeiras formas de vida evoluíram cerca de um bilhão de anos depois. Surpreendentemente, essas formas de vida pré-históricas cresceram e se desenvolveram, e se tornaram a rica diversidade de vida vegetal e animal que temos agora em nosso planeta. Elas fizeram isso seguindo os três estágios universais da evolução — tornando-se viáveis e independentes, unindo-se para formar estruturas de grupo e, em seguida, essas estruturas de grupo cooperaram para formar entidades de ordem superior. Elas não fizeram isso por desejo, mas em resposta às ameaças ambientais à sua existência. Essa acabou sendo a melhor maneira de as entidades cumprirem o propósito de suas almas individuais e coletivas: estarem presentes no mundo físico (permanecerem vivas). O *Homo sapiens* e suas estruturas de grupo representam a vanguarda da evolução na Terra.

Parece que houve três estágios evolutivos no desenvolvimento dos campos de energia das almas. Durante o primeiro estágio, os campos de energia das espécies se separaram do campo de energia universal. Essa foi a era das criaturas e das almas grupais. O conhecimento de como se manter vivo foi transmitido de uma geração para a outra por meio de instintos codificados no DNA da espécie. Ainda existem muitas formas de vida em nosso planeta que operam dessa maneira.

Durante o segundo estágio, os campos de energia individuais começaram a se separar gradualmente dos campos de energia das espécies. Essa foi a era dos mamíferos e o início da formação das almas individuais. O conhecimento de como se manter vivo era transmitido não apenas por meio dos instintos da espécie, mas também através de memórias pessoais e crenças subconscientes.

Essa abordagem pessoal à aprendizagem foi necessária porque os mamíferos existem em contextos sociais mais complexos do que outras criaturas. Quanto mais avançados os mamíferos se tornavam, mais o equilíbrio passava da tomada de decisão baseada no instinto para a tomada de decisão subconsciente baseada em crenças. Ao mesmo tempo, as almas se tornavam cada vez mais individuadas.

Os mamíferos mais avançados (*Homo sapiens*) têm as almas mais individuadas de todas as criaturas e animais. Ainda temos instintos, sugerindo que os humanos ainda têm uma alma grupal (relacionada à nossa espécie), mas também temos crenças subconscientes e algo que nenhuma outra espécie tem: crenças culturais. Isso sugere que não apenas compartilhamos a alma de uma espécie; também compartilhamos uma alma cultural que reflete nossas origens étnicas e culturais. Essas almas estão contidas em campos de energia. Acredito que os campos de energia das espécies são semelhantes ou iguais ao que Rupert Sheldrake[22] chama de "campos mórficos".[23]

Para que possamos acolher totalmente nossas almas individuais na terceira dimensão da percepção, precisamos nos individuar: separar-nos de nossa programação cultural baseada no medo. E também precisamos nos separar de nossa programação pessoal baseada no medo.

Esses diferentes estágios de evolução energética e os modos associados de tomada de decisão também se refletem na evolução física dos cérebros de criaturas, animais e humanos. A história do desenvolvimento do cérebro se divide aproximadamente em três períodos: répteis, mamíferos e *Homo sapiens*.

CÉREBRO REPTILIANO

De uma perspectiva evolutiva, o primeiro cérebro a se desenvolver foi o cérebro reptiliano. Esse tipo de cérebro é encontrado em todas as criaturas. O cérebro reptiliano toma decisões com base nos instintos. Nesse modo de tomada de decisão, as ações instigadas pelos instintos precedem o pensamento. As principais funções do cérebro reptiliano são garantir a sobrevivência da criatura e da espécie (procriação).

CÉREBRO LÍMBICO

O segundo cérebro a se desenvolver foi o cérebro límbico. Esse tipo de cérebro é encontrado em todos os mamíferos. As decisões que o cérebro límbico toma sobre a sobrevivência são baseadas em crenças subconscientes, geradas por emoções, ligadas a memórias pessoais. Nesse modo de tomada de decisão, como a tomada de decisão baseada no instinto, as ações instigadas pelas emoções precedem o pensamento. As principais funções do cérebro límbico são garantir a segurança e proteção do animal em um contexto social e a nutrição e sobrevivência dos filhotes.

NEOCÓRTEX

O terceiro cérebro a se desenvolver foi o neocórtex. Esse tipo de cérebro é encontrado nos mamíferos de ordem superior e no *Homo sapiens*. O neocórtex toma decisões com base em crenças conscientes que fazem parte da sociedade e da cultura em que você foi criado. A principal função do neocórtex é processar informações usando seus poderes de lógica e raciocínio. As crenças conscientes usadas nessa tomada de decisão são baseadas em suas experiências pessoais e nas crenças coletivas da sociedade e da cultura às quais você pertence.

Os répteis dependem totalmente de seu cérebro reptiliano para sobreviver. Os mamíferos dependem do cérebro reptiliano e do cérebro límbico. Os seres humanos dependem de seus cérebros reptiliano e límbico, e também de seu neocórtex, para sobreviver. À medida que os mamíferos evoluíram, eles gradualmente passaram a confiar mais no cérebro límbico do que no cérebro reptiliano para tomar decisões. À medida que os humanos evoluíram, eles gradualmente passaram a confiar mais em seu neocórtex do que em seus cérebros límbico e reptiliano para tomar decisões.

O neocórtex se envolve nas tomadas de decisão baseadas na sobrevivência depois que as ações geradas pelos instintos (o cérebro reptiliano) e pelas emoções (o cérebro límbico) são acionadas, e depois que as energias baseadas no medo associadas aos instintos e emoções se dissipam. Entre o momento em que o neocórtex se torna consciente da ameaça desencadeada por um instinto ou reação emocional e o momento em que a energia baseada no medo se dissipa, o campo mental do neocórtex é inundado pelos pensamentos agressivos e críticos gerados por nossos egos para justificar as reações instintivas e emocionais. Somente depois que esses pensamentos baseados no medo se dissipam, o campo mental se acalma e dá ao neocórtex a chance de se concentrar em explorar abordagens lógicas e racionais para lidar com a ameaça. Quanto mais rápido você conseguir inserir uma pausa entre um evento indutor de medo e a dissipação dos pensamentos baseados no medo, mais rápido você poderá usar sua mente racional para se concentrar na situação.

Em comparação com o ego, que toma decisões com base em suas crenças, a alma toma decisões com base nos valores positivos que são comuns a toda a humanidade. Eles também são conhecidos como virtudes. Além dos valores positivos, também existem valores "negativos". Esses não são tanto valores, mas mais uma expressão abreviada dos resultados que experimentamos quando as crenças baseadas no medo de nossos egos são acionadas. Assim, o valor limitante da "culpa" surge da crença do ego de que, se ele for capaz de se proteger da punição pelo delito que cometeu, poderá desviar a responsabilidade pelo delito para outra pessoa. A culpa é "valorizada" porque é uma ajuda à proteção.

O modelo tripartido que descrevi acima é conhecido como Teoria do Cérebro Trino. Foi desenvolvido pelo médico e neurocientista Paul D. MacLean na década de 1960. Esse modelo simples mas poderoso do cérebro humano, embora não seja totalmente adotado por todos, fornece informações significativas sobre como as mentes humanas operam. Para explicar como a teoria do cérebro trino se relaciona com nossas vidas humanas, precisamos primeiro entender a estrutura do campo de energia humana.

O CÉREBRO E O CAMPO ENERGÉTICO HUMANO

A Dra. Valerie V. Hunt, professora emérita de ciências fisiológicas da Universidade da Califórnia, em Los Angeles, desenvolveu uma maneira de confirmar experimentalmente a existência do campo de energia humano e mediu a faixa de frequências sob as quais ele pode operar. Ela descobriu que pessoas cuja consciência está solidamente focada no mundo físico tinham campos de energia em uma faixa de frequências de até 250 ciclos por segundo, próximos às frequências biológicas do próprio corpo. Pessoas com habilidades psíquicas ou de cura tinham frequências de 400 a 800 ciclos por segundo. Os médiuns que entram em transe pulam essas frequências e operam em uma banda estreita entre 800 e 900 ciclos por segundo. Frequências acima de 900 ciclos por segundo correspondem às personalidades místicas.[24] Hunt encontrou pessoas com frequências de até 200.000 ciclos por segundo. As pessoas que operam nessas frequências mais altas de vibração parecem estar em contato com outras dimensões da consciência. Elas estão cientes da inter-relação cósmica de todas as coisas. Para essas pessoas, o mundo é vivenciado como um campo de energia unificado.

Em seu livro *Infinite Mind: Science of the Human Vibrations of Consciousness*,[25] Hunt afirma que:

> *Nos níveis mais profundos, todas as coisas são compostas de vibrações organizadas em campos que permeiam toda a estrutura [do corpo humano]. Os campos, sejam biológicos ou não, têm sua própria integridade. Eles são organizados, não aleatórios, e têm a capacidade de reagir, interagir e realizar transações seletivamente — de responder passivamente e de se unir cooperativamente a outros campos... Minha pesquisa mostra que os campos de energia humanos exibem um continuum. As frequências extremamente baixas estão diretamente envolvidas nos processos biológicos da vida... Portanto, o medo, que tem uma baixa frequência de vibração, afeta significativamente nossas funções corporais. Isso é bem conhecido nos círculos médicos. O medo na forma de estresse ou ansiedade libera substâncias químicas específicas no sangue que sustentam a resposta de fugir ou lutar, mas que têm um impacto deletério no corpo quando são constantemente ativadas pela ansiedade.*

COMPOSIÇÃO DO CAMPO DE ENERGIA

O campo energético humano é composto por quatro camadas: o campo etérico, o campo emocional, o campo mental e o campo espiritual. Cada camada tem uma frequência de vibração diferente. As frequências mais baixas ocorrem no campo etérico e, como seria de esperar, as frequências mais altas ocorrem no campo espiritual.

O campo etérico

O campo etérico, que circunda e penetra no corpo humano, é composto por uma rede de canais de energia, e os maiores são conhecidos como meridianos. Os principais pontos de acupuntura usados na medicina chinesa estão localizados ao longo desses meridianos. A inserção de agulhas de metal em pontos específicos dos meridianos libera energias bloqueadas, promovendo a cura física e mental.

Eu acredito que o campo etérico é o recipiente da mente reptiliana. O complexo mente/cérebro reptiliano examina constantemente o mundo externo em busca de possíveis ameaças à sobrevivência física do corpo. Quando identifica uma ameaça, as emoções geradas pelo complexo mente/cérebro reptiliano imediatamente despertam o corpo para lutar ou fugir. A resposta de luta ou fuga é acionada quando é identificada uma situação de ameaça que corresponde a uma "memória" de uma situação de ameaça semelhante vivenciada anteriormente, armazenada na memória da espécie (DNA). As emoções e reações físicas associadas a tais situações são respostas instintivas pré-programadas.

Essas reações codificadas pelo DNA (instintos) operam como crenças. Por exemplo, se o complexo mente/cérebro reptiliano detecta em sua percepção a assinatura energética de um evento ou situação identificado como "a", ele responderá fazendo "x"; e se notar em sua consciência um evento com uma assinatura energética identificada como "b", então responderá fazendo "y"; onde "x" e "y" são memórias da espécie que geram emoções e ações que a entidade "acredita" que lhe dará a melhor chance possível de manter ou melhorar sua estabilidade interna e equilíbrio externo ao se deparar com os eventos "a" ou "b".

A capacidade da mente/cérebro reptiliano de processar informações não está tão bem desenvolvida quanto a mente/cérebro límbico e o neocórtex. Consequentemente, a mente/cérebro reptiliano tem gatilhos relativamente "grosseiros". Qualquer coisa que se compare vagamente à memória de uma ameaça previamente experimentada armazenada na memória da espécie desencadeará emoções baseadas no medo no complexo mente/cérebro reptiliano. Assim, por exemplo, uma corda enrolada no canto escuro da sala pode desencadear uma reação do tipo "vi uma cobra" em um ser humano. As emoções baseadas no medo são um sinal para a mente-corpo se preparar para a ação. O complexo cerebral reptiliano está localizado no topo da coluna vertebral humana, no centro do cérebro humano. Acredita-se que o complexo mente/cérebro reptiliano seja responsável pela motivação e emoção envolvidas na agressão, dominação, territorialidade, procriação e demonstrações rituais.

O campo emocional

A segunda camada do campo energético humano é conhecida como campo emocional. Acredito que o campo emocional é o recipiente da mente-ego e tem fortes ligações com o cérebro límbico. O ego é aquela parte da nossa mente que se associa ao corpo físico e está focada na realidade tridimensional.

O complexo mente-ego e o cérebro límbico, assim como o complexo mente/cérebro reptiliano, examina constantemente o mundo externo em busca de potenciais ameaças não apenas à sua própria segurança física e emocional, mas também à segurança física e emocional daqueles com quem compartilha um vínculo de amor, com quem há uma identificação ou uma forte conexão. Quando a mente/cérebro límbico identifica uma ameaça, reconhecendo um padrão de informações recebidas que é semelhante à memória pessoal de uma ameaça vivenciada anteriormente, nossas emoções são despertadas e nos preparamos instantaneamente para agir — gritar, agredir verbalmente, lutar, fugir etc.

A principal diferença entre a mente/cérebro reptiliano e a mente/cérebro límbico é que a mente/cérebro reptiliano busca padrões de experiências anteriores armazenados na memória da espécie, e a mente/cérebro límbico busca padrões de experiências anteriores armazenados na memória pessoal do indivíduo. Nos seres humanos, o cérebro límbico está localizado próximo ao cérebro reptiliano, no centro do crânio.

O campo mental

A terceira camada do campo energético humano é conhecida como campo mental. Tem fortes ligações com o neocórtex e suas funções de raciocínio. O campo mental é o campo através do qual nossa percepção consciente opera e, junto com o neocórtex, é a sede de nossa criação consciente de significado.

Do ponto de vista evolutivo, o neocórtex foi a terceira função cerebral que os animais adquiriram e só é encontrado em primatas superiores. A forma mais desenvolvida do neocórtex é encontrada em humanos adultos. Ao contrário dos complexos mente/cérebro reptiliano e límbico que geram nossos instintos e emoções, o neocórtex é a parte do complexo mente/cérebro que nos fornece as faculdades de lógica, raciocínio e compreensão, junto com linguagem, abstração e planejamento futuro. É também a sede da nossa percepção consciente e o centro do processamento consciente do pensamento.

Bebês humanos não nascem com um neocórtex totalmente desenvolvido, principalmente porque o canal de parto feminino não é grande o suficiente para acomodar uma cabeça humana totalmente desenvolvida. Até os sete ou oito anos de idade, o neocórtex, a parte cognitiva do nosso cérebro, ainda está crescendo e se desenvolvendo, enquanto o cérebro límbico e o cérebro reptiliano estão mais desenvolvidos.

Essa falta de acesso à parte racional do nosso cérebro durante a infância tem grandes repercussões na formação das crenças do ego sobre como manter sua integridade física e emocional no mundo físico. O ego aprende como sobreviver e manter sua integridade física e emocional formando crenças sobre quais ações permitem que ele atenda às suas necessidades e quais ações o impedem de atender às suas necessidades. As crenças assim formadas antes dos oito anos de idade estão cheias de conteúdo emocional e operam principalmente no nível subconsciente ou inconsciente. Em outras palavras, nem sempre estamos cientes das crenças subconscientes que aprendemos durante a infância sobre como sobreviver, como nos sentirmos seguros e como nos sentirmos bem com nós mesmos. Na idade adulta, nos vemos reagindo a situações específicas sem saber o porquê. Somente depois que a energia associada à emoção diminui podemos usar conscientemente nosso campo mental e o neocórtex para descobrir o que aconteceu e por que reagimos da maneira que reagimos.

A mente/cérebro reptiliano junto com o campo etérico, e a mente/cérebro límbico junto com o campo emocional, são centros de processamento subconsciente ou inconsciente. Eles são capazes de reagir a situações muito mais rapidamente do que o neocórtex, mas são menos precisos na análise de uma situação. Assim, a mente/cérebro reptiliano terá uma reação imediata como se tivéssemos visto uma "cobra" ao ver uma corda enrolada no canto de uma sala escura, mas levará alguns momentos a mais para que o neocórtex entre em ação e use seus processos analíticos mais poderosos para descobrir que, na verdade, não é uma cobra, mas uma corda enrolada. O mesmo acontece com a mente/cérebro límbico; quando ele toma consciência de uma situação que se correlaciona vagamente com uma memória passada de ameaça, perigo, mágoa ou dor, ele reagirá imediatamente. O neocórtex racional completa sua análise mais detalhada alguns momentos depois, ou confirmando os medos da mente/cérebro límbico ou percebendo o alarme falso.

A capacidade de dar sentido às situações em que nos encontramos é a chave para o sucesso da sobrevivência humana. Comparado com a mente/cérebro reptiliano, que usa memórias de várias gerações da espécie (instintos) para criar significado, e com a mente/cérebro límbico que usa memórias pessoais para criar significado (crenças subconscientes), o neocórtex é capaz de fazer uso do aprendizado pessoal, científico, cultural e social (crenças conscientes) para tomar decisões. Quanto mais você aprende e compreende, maior facilidade terá para raciocinar e tomar decisões lógicas. Essa capacidade de raciocínio e tomada de decisão lógica do campo mental e do neocórtex, junto com sua capacidade de antecipar eventos futuros, é uma vantagem evolutiva significativa que não é encontrada em outras espécies. Nos seres humanos, o neocórtex está localizado acima e ao redor do cérebro límbico.

O campo espiritual

A quarta camada do campo energético humano é conhecida como campo espiritual. O campo espiritual é o recipiente da mente-alma e tem fortes ligações com a quarta e superior dimensão da consciência.

A alma encarnada tem duas necessidades básicas: aprender como crescer e desenvolver a consciência em uma realidade física tridimensional (ela quer levar uma vida dirigida por valores) e cumprir seu propósito no mundo físico (ela também quer viver uma vida dirigida por propósitos). O avanço na condução de uma vida dirigida por valores facilita a condução de uma vida dirigida por propósitos. O corpo é o veículo da alma para satisfazer essas duas necessidades "espirituais". Para que a alma se realize, ela deve manter o corpo vivo. A vontade de viver, como já afirmei, é a vontade da alma de existir na terceira dimensão de massa e forma. Essa vontade está presente em todo o campo energético do corpo.

A mente-corpo, o cérebro reptiliano, a mente-ego e o cérebro límbico apoiam a alma na presença no mundo tridimensional da forma e da matéria, mantendo o corpo seguro e protegido de danos e em boas condições físicas de funcionamento. Eles cumprem essa função principalmente por meio de: a) homeostase — as funções biológicas autorreguladoras da mente-corpo; e b) domínio pessoal — a capacidade de gerenciar as emoções subconscientes do ego baseadas no medo. Os medos instintivos da mente/cérebro reptiliano e os medos pessoais subconscientes da mente-ego aprendidos individualmente estão condicionados a reagir a situações que representam potenciais ameaças físicas à sobrevivência ou segurança do corpo.

O cérebro reptiliano está constantemente pesquisando o ambiente que o circunda em busca de ameaças físicas. As ameaças são reconhecidas quando o padrão de informação energética que chega pelos sentidos se assemelha a um padrão de informação energética armazenado na memória intergeracional (da espécie). O medo é engatilhado instantaneamente quando uma combinação é feita e a mente/cérebro reptilianos desperta instantaneamente a mente-corpo para a ação. Esse processo é chamado de tomada de decisão baseada no instinto. Nesse modo de tomada de decisão, nossas ações precedem o pensamento. O perigo é percebido e o corpo é preparado para a ação antes que a mente cognitiva (campo mental) registre o que está acontecendo. São necessários entre dez e trinta milissegundos para que sua mente-corpo reconheça e processe emocionalmente o medo. Você só é capaz de examinar e processar cognitivamente o medo por meio do campo mental e do neocórtex meio segundo depois.[26]

O cérebro límbico opera de forma semelhante ao cérebro reptiliano. O ego está constantemente examinando o ambiente que o circunda em busca de possíveis ameaças à segurança e proteção do corpo. As ameaças são reconhecidas quando o padrão energético das informações que chegam pelos sentidos coincide com um padrão energético armazenado como memória pessoal. O medo é acionado instantaneamente e a mente-ego o prepara para a ação. Esse processo é chamado de tomada de decisão baseada em crenças subconscientes. Nesse modo de tomada de decisão, a ação também precede o pensamento. Os pensamentos surgem cerca de meio segundo depois, quando o medo gerado pela mente-ego no campo emocional é registrado pelo neocórtex no campo mental.

Quando são acionados, os instintos e emoções baseados no medo gerados pela mente/cérebro reptiliano e límbico sequestram o campo mental do neocórtex, preenchendo-o com pensamentos que o ego usa para justificar as respostas instintivas e as reações emocionais que foram desencadeadas. Apenas muito tempo depois, após as vibrações emocionais diminuírem, você conseguirá usar seu campo mental e neocórtex para considerar logicamente o que acabou de acontecer e então responder de uma maneira mais racional.

Esse sequestro do campo mental ocorre porque todas as partes de sua mente/cérebro foram programadas pela evolução para processar primeiro as ameaças (medo). Não importa quais outras emoções você esteja sentindo e quais pensamentos possa ter, o medo sempre os interromperá e fará com que sejam deixados de lado para que você possa processar os pensamentos associados ao seu medo.[27]

A parte do cérebro que sequestra o campo mental e o neocórtex é conhecida como amígdala. A amígdala faz parte do cérebro límbico e também está conectada às partes do cérebro associadas ao processamento reptiliano. O papel principal da amígdala é processar memórias e reações emocionais. A amígdala é onde os impulsos que alertam o sistema nervoso simpático para preparar o corpo para a ação se originam.

Como as necessidades da mente-ego (segurança física e segurança em um contexto social) são mais complexas do que as necessidades da mente-corpo (sobrevivência física), o cérebro límbico pode, em algumas situações, exercer uma influência calmante ou dominante sobre os instintos do cérebro reptiliano baseados no medo (raiva, agressão, territorialidade e luxúria) para que o ego seja capaz de se sustentar na satisfação de suas necessidades sociais. Se a influência calmante do ego não for suficiente, as emoções desencadeadas pela mente/cérebro reptiliano podem facilmente levar à violência. Quando a mente-ego não se preocupa com seu lugar na sociedade (sociopatia) [*]ou está diretamente envolvida na guerra (uma intensa luta pela sobrevivência física que envolve o cérebro reptiliano), as emoções do cérebro reptiliano podem superar as necessidades do ego, resultando em violência, matança e estupro. Estupro e assassinato estão intimamente ligados em tais situações porque proteção e procriação são duas das principais funções do cérebro reptiliano.

Assim como a mente/cérebro límbico é capaz de regular as emoções baseadas no medo da mente/cérebro reptiliano para que o ego tenha suas necessidades de segurança e proteção em um contexto social atendidas, o neocórtex é capaz de regular as emoções baseadas no medo da mente-ego para apoiar a alma na satisfação de suas necessidades primárias (uma vida dirigida por valores e propósitos), após a dissipação da reação emocional. Isso é feito por meio do pensamento racional e lógico e do aprendizado cognitivo de como minimizar ou reduzir suas reações emocionais baseadas no

---

[*] Sociopata: Alguém que tem um padrão generalizado de desrespeito e violação dos direitos dos outros.

medo — treinando sua mente para que ela possa superar o condicionamento que recebeu quando jovem.

O processo pelo qual aprendemos a controlar nossas emoções é chamado de domínio pessoal, e a técnica básica que usamos para fazer isso é chamada de atenção plena (mindfulness). Para alcançar o domínio pessoal — regular as emoções do ego baseadas no medo para que a alma possa satisfazer suas necessidades — devemos primeiro adicionar uma pausa entre a reação emocional e nossas respostas verbais ou físicas. Isso permite que o neocórtex se envolva. Somente quando limpamos nossas mentes inserindo uma pausa entre um evento e nossa reação a ele, podemos ver o que está acontecendo através das lentes da racionalidade e decidir como satisfazer nossas necessidades maiores. Utilizamos nossas crenças conscientes para entender por que tivemos uma reação emocional e usamos nossos valores, intuição ou inspiração para determinar o que devemos fazer para resolver a situação e atender às necessidades de nossa alma. Essas considerações quase sempre trazem uma dimensão ética ou moral à nossa tomada de decisão.

Qual desses três modos de tomada de decisão (baseada em valores, intuição ou inspiração) você usa com mais frequência depende, em grande parte, dos níveis de consciência a partir dos quais você está operando (consulte o Capítulo 8). Os níveis de consciência a partir dos quais você opera são ditados pelo quanto você é capaz de minimizar, liberar ou superar seus medos subconscientes e conscientes; pelo grau em que você foi capaz de alinhar as necessidades do seu ego com as necessidades da sua alma; e pelo grau em que você foi capaz de expandir seu senso de identidade.

À medida que você progride na regulação dos medos conscientes e subconscientes do seu ego, você libera a percepção em seu campo mental para se concentrar em satisfazer as necessidades da alma. Quando você está sempre alerta às ameaças, quando está sujeito à ansiedade, preocupação ou estresse, você se torna altamente vigilante. Sua mente consciente (campo mental) está constantemente empenhada em tentar processar o significado de tudo o que está acontecendo ao seu redor e se isso pode lhe causar danos. Enquanto isso está acontecendo, o campo mental não está disponível para processar qualquer outra informação. Reduzir seus medos, tanto conscientes quanto subconscientes, é essencial se você quiser liberar seu campo mental para processar oportunidades de atender às necessidades de sua alma.

Basicamente, a presença de qualquer medo consciente ou subconsciente na mente-ego impedirá que a alma alcance seus objetivos. Isso pode levar à depressão. Quando os medos do ego impedem a alma de expressar suas necessidades por um longo período de tempo, você sente sua vida perdendo o sentido. Isso ocorre porque seu ego e sua alma não estão alinhados e as necessidades de sua alma estão sendo suprimidas. Você deve ter a coragem de enfrentar os medos do seu ego se quiser abraçar os objetivos da sua alma.

Basicamente, é assim que operamos: nossa mente/cérebro reptiliano (campo etérico) apoia a sobrevivência do corpo por meio do uso de instintos desenvolvidos pela espécie; nosso ego, por meio da mente/cérebro límbico (campo emocional), apoia a segurança e proteção do corpo por meio do uso de crenças conscientes e subconscientes; e nosso neocórtex (campo mental) apoia a mente-ego e a mente-alma no cumprimento de seus propósitos processando informações para que o ego e a alma possam ter suas necessidades atendidas.

A razão pela qual o processamento de ameaças e medos tem prioridade sobre todas as outras emoções humanas é porque a alma precisa do corpo e do ego para apoiar sua sobrevivência no mundo físico tridimensional. Sem o corpo, a alma é incapaz de alcançar seus propósitos. Consequentemente, a vontade de viver e sobreviver, que está presente em todas as criaturas, é a vontade da alma de estar "fisicamente" presente em nosso mundo tridimensional. Tudo o que existe em nosso mundo físico tridimensional está imbuído das qualidades da alma porque pertence a um campo de energia que se projetou do mundo quântico da quarta dimensão da consciência para a realidade física tridimensional.

Tudo o que vemos ao nosso redor em nosso mundo físico está imbuído da vontade da alma de sobreviver. Se não estivesse, não estaria em nosso mundo físico. Tudo em nosso planeta é consciente, assim como o próprio planeta. A Terra é um organismo autorregulante. Essa ideia é conhecida como hipótese de Gaia. Essa hipótese foi apresentada pela primeira vez por James Lovelock, cientista independente, ambientalista e futurólogo. A hipótese de Gaia propõe que a Terra é uma entidade autorregulante com a capacidade de se manter saudável regulando seu ambiente — a homeostase em nível planetário.

RESUMO

Aqui estão os pontos principais deste capítulo:

1. Temos três complexos mente/cérebro para nos ajudar a permanecer vivos no mundo físico tridimensional.
2. A mente/cérebro reptiliano reage a situações que ameaçam nossa sobrevivência física gerando instintos que fazem com que o corpo se prepare para lutar ou fugir.
3. A mente-ego, junto com o complexo límbico mente/cérebro, reage às situações gerando emoções que são desenvolvidas para manter o corpo seguro e protegido.
4. A mente-ego pode modificar ou anular as reações da mente/cérebro reptiliano para apoiá-la na satisfação de suas necessidades sociais.
5. O campo mental e o neocórtex, que é nosso centro de percepção e processamento conscientes, usam a razão e a lógica para apoiar o ego e a alma na satisfação de suas necessidades.
6. O cérebro trino dá prioridade ao processamento dos instintos e emoções associados aos medos acima de todas as outras emoções, a fim de apoiar a alma na manutenção de sua presença na percepção tridimensional — mantendo o corpo vivo.

No próximo capítulo, descreverei as três mentes associadas ao corpo humano e explicarei como elas interagem.

6

As três mentes

A maneira de avançar em nosso crescimento pessoal e individual e em nosso crescimento cultural coletivo é aprendendo a viver nossas vidas conscientemente a partir dos níveis mais elevados de consciência, ou seja, viver uma vida dirigida por valores e propósitos. Isso significa aprender a mudar o locus de sua personalidade enquanto indivíduo e grupo cultural da mente-ego para a mente-alma, e mudar da motivação do ego para a motivação da alma.

MENTE-EGO

A mente-ego é o aspecto de sua personalidade que foi condicionado ao mundo físico tridimensional por meio da experiência de viver em um corpo humano. O ego fará tudo ao seu alcance para proteger sua integridade física e emocional. Ele acredita na escassez e na limitação e considera a vida um jogo de soma zero (eu ganho e você perde, ou você ganha e eu perco). Consequentemente, o ego adota prontamente o conceito de competição. O ego está totalmente empenhado em tirar o melhor proveito de sua existência tridimensional: ele não quer apenas sobreviver, mas também prosperar. Para todos os efeitos, o ego não tem consciência da quarta dimensão da consciência, da realidade energética quântica e do mundo da alma.

O papel do ego é proteger você e mantê-lo protegido de mágoas e danos no ambiente físico e no contexto social em que você vive. Para esse fim, o ego se concentra na satisfação de três necessidades humanas básicas: sobrevivência e segurança, amor e pertencimento, e respeito e reconhecimento. Está constantemente à procura de ameaças que possam impedir que você atenda a essas necessidades. Nesse sentido, o ego está apoiando ativamente o desejo de sua alma de permanecer viva e estar presente no reino físico tridimensional da consciência.

Não temos nenhuma sensação de satisfação duradoura por sermos capazes de atender a essas três necessidades básicas, mas sentimos uma sensação de ansiedade (ficamos com medo) se essas necessidades não forem atendidas. Apenas após atender a essas necessidades de forma consistente, poderemos dedicar nossa percepção consciente e subconsciente às necessidades da alma. Abraham Maslow chamou as necessidades básicas do ego de necessidades de "deficiência".

Se seu desenvolvimento psicológico (veja o próximo capítulo) ocorrer de maneira normal, uma vez que você tenha sido capaz de satisfazer as necessidades do seu ego, você naturalmente passará a querer satisfazer as necessidades da sua alma — alinhar as crenças do seu ego com os valores da sua alma, fazer a diferença no mundo e viver uma vida de serviço altruísta em apoio à humanidade e ao planeta. Abraham Maslow chamou essas de nossas necessidades de "crescimento".

Haverá problemas para satisfazer as necessidades de sua alma se, devido às circunstâncias em que você foi criado, você não conseguir satisfazer suas três necessidades básicas do ego durante a infância. Se não somos capazes de satisfazer nossas necessidades de deficiência na infância, nossas mentes-egos desenvolvem crenças subconscientes baseadas no medo de não ter proteção suficiente para nos sentirmos seguros, de não sermos amados o suficiente para sentirmos que pertencemos ao grupo e de não sermos respeitados o suficiente para nos sentirmos bem conosco. Esses medos se conectam e se misturam com nossas memórias subconscientes. Eles se tornam parte de nossa programação ou condicionamento mental. Sempre que vivenciarmos uma situação no futuro que nos lembra desses medos, nossas emoções são acionadas e somos pegos pela amígdala. Nossa mente consciente é tomada por pensamentos de injustiça, inveja e outros pensamentos negativos, como ódio e vingança, que não apenas nos fazem julgar os outros, mas também nos fazem projetar nossos sentimentos não resolvidos sobre nossas próprias inadequações no mundo externo. O objetivo dessas reações negativas é suprimir a mágoa e a dor que o ego está sentindo por não ter o suficiente, por não ser amado o suficiente ou por não ser o suficiente.

Quando você atingir a idade adulta, as crenças (conscientes e subconscientes, positivas e negativas) que você desenvolveu durante a infância se tornarão os modelos mentais padrão que você usa para dar sentido às suas experiências. Essas crenças se tornam os filtros que condicionam sua realidade.

Quando adulto, sempre que você se depara com uma experiência que o lembra de uma situação no passado em que você não conseguiu satisfazer as necessidades do seu ego, as emoções associadas à crença subconsciente baseada no medo à qual você se apega são automaticamente acionadas. Dessa maneira, a tomada de decisão é baseada em crenças subconscientes. As emoções positivas também podem ser desencadeadas da mesma forma. Quando você encontra situações, pessoas, cheiros etc. específicos que o lembram de uma época alegre de sua infância, você pode sentir uma onda de felicidade ou alegria.

Na literatura da psicologia, as crenças subconscientes baseadas no medo aprendidas durante a infância são chamadas de "Esquemas Iniciais Desadaptativos (EID)".[28] Jeffrey Young, fundador e diretor dos Centros de Terapia Cognitiva de Nova York e Fairfield County (Connecticut), descreve os EIDs da seguinte maneira:

> *Esquemas Iniciais Desadaptativos [crenças] parecem ser o resultado de experiências disfuncionais com pais, irmãos e colegas durante os primeiros anos de vida de um indivíduo. A maioria dos esquemas [crenças] é causada por contínuas experiências cotidianas nocivas com familiares e colegas, que fortalecem cumulativamente o esquema [crença]. Por exemplo, uma criança que é constantemente criticada quando o desempenho não atende aos padrões dos pais está propensa a desenvolver o esquema de incompetência/falha.*[29]

Essas primeiras experiências negativas podem nunca mais ocorrer, mas seus efeitos permanecem — eles são programados na sua psique. As emoções vivenciadas são armazenadas em suas memórias e se tornam um estímulo permanentemente incorporado que molda ou distorce a realidade presente de acordo com o passado.

Young e Klosko[30] identificaram onze armadilhas comuns da vida (esquema negativo ou crenças limitantes), listadas abaixo em três subtítulos — os três primeiros níveis da consciência humana.

Segurança e proteção (não está seguro o suficiente)

ABANDONO

Se você sofre com a armadilha da vida do *abandono*, sente que as pessoas que você ama o deixarão e você acabará isolado emocionalmente para sempre. Isso faz com que você se apegue às pessoas.

DESCONFIANÇA E ABUSO

A armadilha da vida de *desconfiança e abuso* é a expectativa de que as pessoas machuquem ou abusem de você de alguma forma — que elas trapaceiem ou mintam para manipular, humilhem, machuquem fisicamente ou tirem vantagem de você. Você se esconde atrás de uma parede de desconfiança para se proteger.

DEPENDÊNCIA

Se você está preso na armadilha da vida da *dependência*, você se sente incapaz de lidar com a vida cotidiana de maneira eficaz. Você usa os outros como muleta. Você precisa de apoio constante.

VULNERABILIDADE

Se você está sofrendo com a armadilha da vida da *vulnerabilidade*, vive com medo de que um desastre esteja prestes a acontecer — natural, criminal, médico ou financeiro. Você não se sente seguro em seu mundo.

Relacionamentos e pertencimento (não é amado o suficiente)

PRIVAÇÃO EMOCIONAL

Se você está preso na armadilha da vida de *privação emocional*, você acredita que sua necessidade de amor nunca será satisfeita adequadamente por outras pessoas. Você sente que ninguém realmente se importa com você.

ISOLAMENTO SOCIAL

Se você sofre da armadilha da vida de *isolamento social*, você se sente separado, isolado e diferente. Você se sente excluído e não como se não fosse bem-vindo.

SUBJUGAÇÃO

Se você está preso na armadilha da *subjugação*, sacrifica suas próprias necessidades e desejos para agradar aos outros ou atender às necessidades deles. Você faz isso sentindo culpa por ferir outras pessoas se colocar suas próprias necessidades em primeiro lugar, ou sentindo medo de ser punido ou abandonado se desobedecer.

Autoestima (não é bom o suficiente)

DEFECTIBILIDADE

Se você sofre da armadilha da vida de *defectibilidade*, você se sente interiormente defeituoso ou "quebrado". Você acredita que é estruturalmente indigno de ser amado ou que não é digno de ser respeitado.

FRACASSO

Se você sofre da armadilha da vida do *fracasso*, você se sente inadequado em áreas de desempenho, como escola, trabalho e esportes. Você acredita que falhou em relação aos seus colegas.

PADRÕES INFLEXÍVEIS

Se você está na armadilha da vida dos *padrões inflexíveis*, você se esforça continuamente para atender às expectativas extremamente altas de si mesmo. Você coloca ênfase excessiva em status, dinheiro, realização, beleza, ordem ou reconhecimento em detrimento da felicidade, prazer, saúde, sensação de realização e relacionamentos satisfatórios.

GRANDIOSIDADE

A *grandiosidade* está associada à capacidade de aceitar limites realistas na vida. As pessoas nessa armadilha da vida se sentem especiais porque esperam poder fazer, dizer ou ter suas necessidades atendidas imediatamente. Elas ignoram o que os outros consideram razoável.

O Esquema Inicial Desadaptativo está no cerne das crenças do ego baseadas no medo e é a fonte da maioria dos traumas emocionais e disfunções pessoais que vivemos em nossas vidas. Se o trauma associado a um esquema específico for significativo, você precisará consultar um psicoterapeuta. Se o trauma for "normal" (todos nós os temos em algum grau), você conseguirá lidar com ele por meio de treinamento pessoal ou do aprendizado de técnicas de domínio pessoal envolvendo atenção plena e meditação.

A MENTE-ALMA

A mente-alma é o aspecto de sua personalidade que se associa ao campo de energia humano. A alma vive em abundância e suficiência. Está à vontade com a incerteza e prospera com a mudança. A alma habita um mundo energético — o mundo quântico da quarta dimensão da consciência. Por ser composta pela energia fundamental da existência, ela não pode ser criada ou destruída, ela simplesmente muda sua expressão de uma forma para outra.[31] Para a alma, tudo e qualquer coisa é possível. A alma assume a forma física porque quer apoiar a evolução da consciência, aprendendo a viver uma vida dirigida por valores e propósitos na realidade tridimensional.

A energia básica do universo, a partir da qual a alma é constituída, é a energia do amor. Em seu estado natural na quarta dimensão da consciência, a alma conhece apenas o amor. Ela experimenta o amor porque se sente energeticamente conectada a tudo. Por que isso acontece? Porque, no nível quântico da realidade, tudo faz parte de um campo de energia universal. Nossas almas são partes individuadas desse campo de energia — não partes que se romperam e estão separadas, mas mais parecidas com os redemoinhos que você vê em um rio. Os redemoinhos não estão separados do rio. São formas que o rio assumiu, mas pertencem ao rio. Assim como cada redemoinho é diferente, cada alma tem sua própria "personalidade", e cada alma faz parte do fluxo de energia universal.

Acredito que a principal razão pela qual nossas almas encarnam (entram na percepção tridimensional) é replicar o "campo do amor" que elas experimentam na quarta dimensão da consciência em nossa realidade tridimensional. Os principais obstáculos que elas encontram para fazer isso acontecer são os medos irracionais ou disfuncionais conscientes e subconscientes do ego. Os medos normais e naturais que o ego tem de manter o corpo seguro e com boa saúde são, em certo sentido, medos "bons", porque ajudam a alma a estar presente (permanecer viva) na realidade tridimensional até que ela tenha a oportunidade de influenciar a direção de nossas vidas — depois de nos individuarmos e nos autoatualizarmos.

À medida que aprendemos quem somos — almas que estão vivenciando a terceira dimensão da realidade (física) — começamos a reconhecer que somos seres de energia atemporais que não estão sujeitos à morte e à decomposição. Isso muda tudo em relação aos nossos medos, particularmente o medo da morte. Muitos dos que passaram por experiências de quase morte podem atestar esse fato.

Os medos "ruins" que não apoiam a alma em seu propósito de viver uma vida dirigida por valores são os medos conscientes e subconscientes que o ego tem de não ter o suficiente do que precisa para se sentir seguro, de não ser amado o suficiente para se sentir protegido e de não ser respeitado o suficiente para ter um senso de valor próprio (nossos Esquemas Iniciais Desadaptativos). Quando esses medos estão presentes, eles nos fazem ficar altamente vigilantes: nossa mente/cérebro reptiliano e límbico analisam constantemente o ambiente em que estamos em busca de ameaças, e nosso campo mental fica exclusivamente preocupado com os pensamentos movidos pelo medo. Isso torna o campo mental indisponível para processar as necessidades da alma.

Ao mesmo tempo, os instintos e emoções baseados no medo que estamos processando, que são gerados pela mente/cérebro reptiliano e límbico nos campos etérico e emocional, têm o efeito de diminuir a frequência de vibração do campo de energia da alma.

Quando o medo está presente, não podemos confiar; e se não pudermos confiar, nunca seremos capazes de amar e de nos sentirmos conectados. Assim, quando nos apegamos aos medos subconscientes sobre a satisfação das necessidades do nosso ego, a alma se sente frustrada em seu propósito de viver plenamente o amor em nossa realidade tridimensional. O problema que a alma está enfrentando é uma incompatibilidade entre a frequência da vibração energética da mente-alma e a frequência da vibração energética da mente-ego. Isso é basicamente um problema de desequilíbrio energético. Para corrigir esse problema, temos que encontrar maneiras de colocar o ego e a alma em um alinhamento energético.

O primeiro passo é liberar ou remover do nosso campo de energia as crenças subconscientes do ego baseadas no medo. Este é um trabalho que apenas cada indivíduo pode fazer por si próprio e que envolve aprender novas formas de pensar. Nós nos referimos a esse trabalho de maneiras diferentes — como crescimento pessoal, domínio pessoal ou crescimento espiritual. Ao seguir esse caminho, estamos tentando viver uma vida autêntica com integridade — uma vida em que a alma esteja presente em todas as nossas tomadas de decisão. A segunda parte deste livro é dedicada a explicar as diferentes maneiras pelas quais podemos fazer isso.

A vida dirigida por valores

O próximo passo é começar a minimizar o peso das crenças em todas as nossas tomadas de decisão. Crenças são suposições que consideramos verdadeiras. Não sabemos se são verdadeiras, apenas assumimos que são verdadeiras com base em evidências científicas, em nossas experiências ou simplesmente porque confiamos no que alguém nos disse. Quando você percebe que a maioria de suas crenças é formada pelo seu ego vivendo em uma realidade tridimensional ou transmitida a você por outras pessoas, você começa a entender que suas crenças podem não refletir a realidade quadridimensional da alma. Como os seres que vivem na percepção bidimensional que não conseguiam compreender completamente as conexões que existiam entre os cinco círculos separados, a maioria de suas crenças sobre o mundo tridimensional não representa sua verdadeira realidade — a realidade de sua alma que vive na quarta dimensão da consciência.

É aqui que entram os valores. Para viver a vida destinada à sua alma, para viver plenamente o amor em nossa realidade tridimensional, você precisa entrar em contato com seus valores — os valores mais próximos ao seu coração. Esses são os valores que todos compartilhamos. Por exemplo, honestidade, abertura, integridade, responsabilidade, amizade, família, confiança, compaixão e perdão são valores que quase todos aspiram em suas vidas. No nível da alma, estamos todos conectados energeticamente por nossos valores.

Nossos valores representam os princípios pelos quais queremos viver. Eles estão programados em nossas almas. Eles representam as energias que queremos ver em maior quantidade em nossas vidas. A melhor maneira de vivenciar seus valores é vivê-los: usar seus valores, em vez de suas crenças, para tomar decisões. Sempre que precisar tomar uma decisão, pergunte a si mesmo: "Qual valor eu quero usar para responder a essa situação?" e, depois de fazer uma escolha, siga com ações e comportamentos que apoiem esse valor. Isso é chamado de tomada de decisão baseada em valores. É assim que você cria conscientemente o futuro que deseja vivenciar, porque a qualidade da energia (valores) que você coloca no mundo é a qualidade da energia que você recebe de volta.

Quando você se pergunta "Qual valor eu quero usar para responder à essa situação?", você sempre escolherá valores de conexão. Por exemplo: você se depara com uma situação em que precisa dividir uma quantia de dinheiro com alguém, e a outra pessoa não sabe quanto deve receber. Então você se pergunta "qual valor devo usar para tomar essa decisão?". Você raramente se encontrará escolhendo o valor negativo da ganância. É mais provável que você escolha a justiça. A ganância separa. A justiça une. Todos os valores negativos separam as pessoas porque se baseiam no medo.

Nossas almas baseadas no amor estão programadas para se conectar, enquanto nossos egos, baseados no medo, estão programados para atender às suas necessidades básicas. Se você não se perguntar qual valor deseja usar para tomar uma decisão em uma situação como a descrita acima, você sempre se verá optando por tomar decisões baseadas em crenças que atendem aos interesses próprios e aos medos do seu ego.

Fazer a simples pergunta: "Qual valor eu quero usar para responder a essa situação?" envolve a alma em sua tomada de decisão. Por que isso acontece? A resposta é simples e profunda: *a única maneira pela qual a alma sabe como tomar decisões é usando seus valores, e a única maneira pela qual o ego sabe como tomar decisões é usando suas crenças.*

A razão pela qual o ego usa crenças é porque é assim que nossa percepção funciona. Nossa mente/cérebro são programados para interpretar o mundo ao nosso redor, dando significado às situações que vivenciamos. Fazemos isso comparando as informações que estamos recebendo de nossos sentidos com três conjuntos de dados: nossas memórias da espécie codificadas pelo DNA, nossas memórias subconscientes pessoais e as informações que aprendemos de pessoas em quem confiamos e da cultura em que crescemos. Todas essas informações são baseadas em nossa compreensão tridimensional individual e coletiva de nosso mundo físico e das necessidades que sentimos que devemos satisfazer para atender às nossas necessidades básicas.

A razão pela qual a alma usa valores para tomar decisões é porque eles são princípios energéticos que sustentam a conexão. Peça a cada pessoa em uma sala que identifique seus três valores mais importantes e, em seguida, compartilhe esses valores em trios e você verá imediatamente o que quero dizer. Quando falamos sobre nossos valores, ficamos muito engajados. A energia na sala aumenta não apenas porque estamos partilhando o que está em nossos corações, mas porque percebemos que compartilhamos valores muito semelhantes. De repente, nos sentimos muito conectados às pessoas com quem compartilhamos. Já fiz esse exercício centenas de vezes, sempre com o mesmo resultado. Experimente você mesmo, em sua família ou em uma equipe com a qual você trabalha.

Veja como executar este exercício:

Desenhe uma tabela de três linhas por três colunas em um pedaço de papel e anote os três valores mais importantes para você na primeira coluna, um em cada uma das linhas. Em seguida, na segunda coluna, anote as crenças que você tem sobre cada um dos valores — por que cada um desses valores é importante para você. No terceiro, anote os comportamentos que você exibe quando está vivendo cada um dos valores — quais ações você realiza para apoiar cada um dos valores. Peça a um membro da família, amigo, companheiro ou colega que faça o mesmo e, quando ambos terminarem, compartilhem seus resultados um com o outro. Posso prometer que este será o início de uma conversa significativa que construirá uma conexão, porque vocês estarão expondo suas almas um ao outro.

Como alternativa, você pode explorar seus valores acessando a Internet e fazendo uma Avaliação de Valores Pessoais. É uma pesquisa que pode ser feita diretamente no site da Barrett Values Center. Você pode logar no site em http://valuescentre.com/pva/ para fazer essa pesquisa . Entre em contato com a Barrett Values Centre para mais informações.

A vida dirigida por propósitos

Além de aprender a levar uma vida dirigida por valores, a alma entra na realidade física tridimensional para dar o "presente" que veio dar. O "presente" é o propósito da sua alma. Representa o que você ama em sua vida — o que você deseja desenvolver em si mesmo e que faz uma diferença positiva no mundo ao seu redor.

Algumas pessoas são capazes de encontrar e realizar o propósito de sua alma cedo na vida; outras o encontram e o realizam muito mais tarde; e algumas nunca o encontram. Elas ficam tão envolvidas na tentativa de satisfazer suas necessidades subconscientes baseadas no medo de sobrevivência e segurança, amor e pertencimento, respeito e reconhecimento, que nunca chegam ao ponto em que conseguem se concentrar em satisfazer as necessidades de sua alma.

Um exemplo de alguém que descobriu o propósito de sua alma cedo na vida é Camila Batmanghelidjh. Ela oferece apoio, conforto e amor a crianças profundamente traumatizadas no Reino Unido. Em uma entrevista à BBC, ela descreve como esse propósito de vida surgiu:

> *Eu sabia desde os nove anos de idade que era isso que eu ia fazer. E fiz com que minha mãe me associasse à uma sociedade de psicologia para que as publicações sobre desenvolvimento infantil pudessem chegar em casa. E eu*

me lembro das publicações chegarem todas as quartas-feiras, e eu tentar ler até a hora de dormir. Havia um grande desejo de entender as crianças. E acho que minha família achou que eu era muito estranha por ser assim, porque não havia nada no meu passado que me levasse a ser assim. Eu vim de uma família muito rica e empreendedora. Eles ganharam muito dinheiro. Só que meu avô era um homem incrivelmente gracioso e era pediatra. Eu costumava ver o quão gracioso ele era, e eu achava que era isso que eu queria ser. Eu queria ser espiritualmente graciosa.[32]

Quando lhe perguntaram: "Como uma criança de nove anos saber o que vai fazer da vida é algo incomum, você consegue se lembrar o que na natureza das crianças fez com que você quisesse trabalhar com elas?" Ela respondeu:

Acho que foi só um dom. Acho que não foi nada na minha vida pessoal que me levou a esse ponto. Acho que coisas aconteceram comigo depois, que me deram habilidades para lidar com isso. Mas, naquele momento, foi literalmente um dom.

Quanto a mim, demorei quarenta e cinco anos até entender que minha alma tinha um propósito para minha vida. Até aquele momento, eu estava seguindo minha carreira como engenheiro de transporte urbano. Fui consultor e funcionário em tempo integral do Banco Mundial por oito anos. De repente, fiquei entediado com meu trabalho e percebi que minha paixão era a transformação, não o transporte. Costumo brincar que, quando decidi seguir minha carreira aos dezoito anos, eu devia estar sofrendo de surdez: minha alma dizia "transformação", mas eu ouvi "transporte"*.

Brincadeiras à parte, ao rever minha vida, parece ter havido um plano muito bem-organizado que me permitiu obter todas as experiências necessárias para realizar o trabalho que vim fazer: o trabalho que estou fazendo agora. Comecei a trabalhar ativamente no propósito da minha alma concomitantemente à minha chegada à meia-idade.

A percepção ou o despertar que tive quando tinha quarenta e cinco anos me permitiu iniciar conscientemente a jornada da minha alma. Daquele momento em diante, a influência da minha alma ficou cada vez mais forte em minha vida. Dois anos depois, eu sabia que escreveria pelo menos três

---

* N.T.: Em inglês, as palavras *transformation* e *transportation*, que têm som e grafia semelhantes, podem ser e foram confundidas, como Richard brinca.

livros: um sobre transformação pessoal, um sobre transformação organizacional, e um terceiro livro sobre transformação global. Já concluí todos esses livros e estou começando a trabalhar em novas edições dos dois primeiros. Ao aprender a dominar os medos subconscientes associados às minhas necessidades de deficiência, senti a inspiração de minha alma se tornando cada vez mais presente em minha vida. Comecei a levar uma vida dirigida por valores. Aos poucos, senti meu ego se alinhar com minha alma. Ao escrever essas palavras, sei que estou vivendo a vida que minha alma estava destinada a viver. Nunca tive tanta certeza como agora e, para mim, isso parece um presente. Também parece graça.

A primeira vez que minha alma realmente falou comigo de forma direta foi quando eu estava conduzindo um workshop de fim de semana em Boulder, no Colorado, com tema: "Encontrando sua missão na vida". Na última tarde do workshop, alguém do curso me perguntou qual era minha missão. Eu estava prestes a lhes contar a afirmação que eu havia desenvolvido — minha declaração positiva de intenção sobre aquilo em que eu queria me tornar — mas não consegui encontrar as palavras. Fiquei envergonhado por não conseguir me lembrar de algo tão importante para mim. Fechei os olhos, me concentrei e esperei alguns segundos. De repente, saíram da minha boca as palavras: "Sou um arquiteto da transformação global". Eu nunca tinha usado essas palavras antes, nem mesmo pensado nelas. Ficou imediatamente claro para mim que essa era a voz da minha alma.

Desde aquela época, observei silenciosamente o propósito da minha alma se desdobrar diante de mim. Passo a passo, ano após ano, minha vida tomou uma trajetória que não estava sob meu controle. Teria sido fácil deixar os medos do meu ego bloquearem a jornada da minha alma. Por exemplo, em 1997, me senti chamado a deixar o Banco Mundial e criar minha própria empresa para realizar um trabalho de transformação, ajudando líderes a criar organizações dirigidas por valores. Isso significava renunciar a um salário de seis dígitos, isento de impostos, e renunciar a uma aposentadoria significativa. Meus amigos do Banco Mundial não conseguiam entender por que eu desistiria de tudo isso para começar a trabalhar em uma área em que eu não tinha qualificações nem histórico profissional. Isso exigiu coragem, e minha esposa me deu todo o apoio. Sabíamos que seria difícil por alguns anos, mas fui em frente e o fiz mesmo assim.

Por fim, há cerca de quatro ou cinco anos, comecei a reconhecer que minha alma estava tomando todas as decisões importantes da minha vida. Havia sido assim por anos, mas eu não tinha acreditado totalmente na ideia de que não estava mais no controle. Quando finalmente entendi que estava vivendo a vida da minha alma, comecei a seguir ativamente minha inspiração (a orientação da minha alma).

Quando eu me rendi conscientemente à minha alma, as sincronicidades começaram a inundar minha vida. Não havia nada que eu tivesse que fazer — apenas prestar atenção e seguir os sinais. A orientação costumava chegar até mim por meio de pensamentos, geralmente por volta das três ou quatro da manhã. Eu acordava e fazia anotações como se estivesse fazendo um ditado. Dependendo daquilo em que eu estivesse trabalhando, eu recebia o esboço completo de um novo livro ou ideias que me ajudariam a terminar um capítulo. O fluxo de informações da minha alma desde aquela época tem sido mais ou menos ininterrupto. Há momentos em que sinto que preciso tomar uma decisão sobre uma situação e não está claro para mim o que devo fazer. Nesses momentos, peço orientação à minha alma ou recorro aos meus valores para me ajudar a tomar uma decisão.

Não tenho mais uma visão para minha vida. Eu me rendi à minha alma, porque é quem eu sou. Eu confio completamente na minha alma. Meu trabalho é manter abertas as linhas de comunicação com minha alma e não me deixar levar a pensar que tenho necessidades. É claro que tenho necessidades, mas à medida que me torno cada vez mais servo de minha alma, descubro que minhas necessidades são atendidas antes que eu saiba que as tenho. Minha alma opera através da quarta dimensão da consciência, fazendo todas as conexões que são necessárias para que eu (ela) faça meu (seu) trabalho. Eu não percebo essas conexões. Eles aparecem na minha vida como eventos de acaso, momentos fortuitos e sincronicidade total.

A MENTE-CORPO

A mente-corpo está contida no campo etérico e, embora tenha ligações próximas com a mente/cérebro reptiliano, também é fortemente influenciada pela mente-ego e pela mente-alma. O que quer que esteja acontecendo em seu corpo — quaisquer energias que você esteja sentindo; o que quer que esteja lhe causando dor; o que quer que esteja fazendo você se sentir mal; o que quer que esteja perturbando sua mente; o que quer que esteja lhe causando alegria; o que quer que você esteja sentindo — é um reflexo direto do que está acontecendo em seu campo de energia. O campo de energia é sua realidade suprema, porque seu campo de energia é o veículo de sua alma. Seu corpo é a projeção do seu campo de energia na realidade física tridimensional. Mesmo que você tenha um membro removido, você pode sentir sensações no membro, mesmo que ele não esteja mais presente. O membro ainda está no campo etérico.

A mente-corpo representa a consciência coletiva dos órgãos, células, moléculas e átomos que compõem nosso corpo físico tridimensional. Todos os segundos de todos os dias, todas essas entidades estão tomando decisões em seus próprios planos de ser sobre como manter sua estabilidade interna e equilíbrio externo (homeostase). Elas estão fazendo isso a serviço de sua alma, para que ela possa permanecer presente na realidade física tridimensional e apoiar a evolução da consciência de unidade no plano físico do ser, vivendo uma vida dirigida por valores e propósitos.

O funcionamento normal da mente-corpo é diretamente impactado pelos estresses, ansiedades, transtornos e conflitos gerados pela mente-ego. A ansiedade e o estresse são causados por preocupações subjacentes de longo prazo com previsões de resultados negativos e/ou sentimentos de não se ser capaz de lidar com alguma situação. Transtornos e conflitos, por outro lado, são majoritariamente de curto prazo e situacionais. Normalmente, você consegue superar transtornos ou conflitos muito rapidamente se aplicar técnicas de domínio pessoal. Técnicas de domínio pessoal também podem ser usadas para lidar com ansiedades e estresse, mas essas condições podem levar mais tempo para serem superadas porque você está lidando com medos mais profundamente arraigados. Para corrigir traumas profundos, você deve procurar ajuda profissional.

O estresse é basicamente um produto das crenças subconscientes que você tem sobre ser capaz de administrar seu mundo baseadas em medo.

> *Para eliminar o estresse, você deve aprender a desafiar suas crenças para que você as veja de forma diferente.*[33]

O estresse vem de seus pensamentos sobre não ser capaz de lidar com algo, não das circunstâncias em si. Seu nível de estresse está fortemente correlacionado com sua capacidade de domínio pessoal. Quanto mais confiante você for e quanto mais talentoso for no domínio pessoal, menos estresse sentirá. O estresse pode ser uma bênção e uma maldição.

O estresse é uma bênção quando cumpre sua função biológica normal de curto prazo de colocar seu corpo em um estado químico de prontidão para lutar ou fugir. A reação de lutar ou fugir é a reação instintiva da mente/cérebro reptiliano a uma situação que ameaça a vida e induz ao medo. Se eu acidentalmente pisar em uma cobra, meus instintos imediatamente prepararão meu corpo para a ação. O medo que sinto pode ajudar a salvar minha vida.

O estresse é uma maldição quando se torna endêmico em seu estilo de vida. Sempre que a mente-ego acredita que é incapaz de responder a uma ameaça real ou imaginária lutando ou fugindo, ela se adapta à situação internalizando o medo. Isso é conhecido como síndrome geral de adaptação (SAG). Essa é a fonte de nossas ansiedades.

A SAG é uma ameaça à sua saúde porque o medo que você internalizou o coloca em um estado de ansiedade e faz com que a mente-corpo produza as substâncias químicas necessárias para prepará-lo para lutar ou fugir. A produção constante desses químicos perturba o funcionamento normal do corpo. Como consequência, se nossa ansiedade (medo internalizado) sobre nossa percepção de incapacidade de lidar com a situação persistir por um longo período de tempo, podemos desenvolver doenças como úlceras, diabetes e disfunções do sistema digestivo e cardiovascular, bem como doenças mentais. O funcionamento da glândula adrenal e do sistema imunológico também é comprometido. Os efeitos do estresse são os seguintes:

O sangue é desviado para o cérebro e grandes grupos musculares, e para longe das extremidades, pele e órgãos que não servem ao corpo no momento. Parte do cérebro, conhecida como sistema de ativação reticular, entra em ação, causando um estado de alerta aguçado, além de aguçar a audição e a visão. Compostos de glicose e ácidos graxos que fornecem energia são liberados na corrente sanguínea. Os sistemas imunológico e digestivo são temporariamente desligados.

Da resistência à impaciência, da frustração à raiva e da raiva à fúria, o medo do ego de não ter suas necessidades atendidas ou de não ser capaz de lidar com as pressões que percebe é a origem do estresse. Quando esse estresse persiste, ele se torna uma ameaça à sua vida. É por isso que o domínio pessoal e o aprendizado de como mudar para um nível mais alto de consciência ao se tornar uma personalidade cheia de alma são tão importantes. Eles mantêm a boa saúde, ajudando você a controlar seus medos e fornecendo estratégias que permitem evitar ou minimizar o estresse.

O ponto principal é o seguinte: se você não está tentando levar uma vida sem estresse e cuidar do seu corpo, não está cuidando da sua alma. Manter seu corpo em boas condições de funcionamento e em um estado livre de estresse, prestar atenção à sua forma física, peso, alimentação e evitar ambientes física e emocionalmente tóxicos e, ao mesmo tempo, concentrar-se no domínio pessoal e na prática de atenção plena são algumas das maneiras práticas de apoiar sua alma. Nunca se esqueça de que sua alma precisa de seu corpo para operar na realidade física tridimensional. Sem um corpo saudável, sua alma terá dificuldades em encontrar satisfação.

ALINHAMENTO

A principal forma de mantermos nosso corpo saudável, além de exercícios físicos, boa alimentação e morar em um ambiente saudável, é alinhar nossa mente-ego com nossa mente-alma. Quando seu corpo tem dificuldade em lidar com seu ambiente físico, devido ao calor, frio, falta de oxigênio, produtos químicos tóxicos no ar, etc., você terá doenças físicas. Quando sua mente-ego e mente-alma não estão alinhadas, você sentirá alguma forma de doença mental (emocional). Uma doença mental prolongada acabará por aparecer no corpo como uma doença física.

Quando você é capaz de alinhar as necessidades do seu ego com as necessidades da sua alma — quando você aprende a levar uma vida dirigida por valores e se compromete a se tornar o servo da sua alma — seu campo de energia alcançará estabilidade interna e seu corpo permanecerá saudável (desde que você cuide dele fisicamente), porque a frequência de vibração do seu ego será a mesma que a frequência da vibração da sua alma.

Sempre que você sentir qualquer forma de perturbação — resistência, impaciência ou raiva — você sabe imediatamente que o campo de energia do seu ego está desalinhado com o campo de energia da sua alma. A tensão ou perturbação que você está sentindo é causada por uma dinâmica energética ego-alma. A causa do sentimento de resistência ou perturbação são as vibrações de baixa frequência dos medos do ego que entram em "contato" com as vibrações amorosas de alta frequência da alma. Essa incompatibilidade causa impulsos elétricos em seu corpo que resultam em fortes emoções.

Você alcança estabilidade interna quando é capaz de gerenciar todas as situações que ocorrem em sua vida com o *mínimo* de desconforto emocional — sem ansiedade, impaciência, frustração, culpa, vergonha, raiva, fúria ou depressão — em outras palavras, sem disparar o medo. Isso é o que eu chamo de consciência de espectro total. Eu enfatizo a palavra *mínimo* porque todos experimentam resistência e perturbações de tempos em tempos. É a natureza e a frequência desses sentimentos e como você lida com eles que determinam seu nível de domínio pessoal e o impacto que seu medo tem em sua estabilidade.

Quando você evolui na consciência, você se torna mais estável internamente porque é capaz de entender o porquê da perturbação e entende o que precisa fazer para retornar a um estado de equanimidade em um curto período de tempo. Sua capacidade de encarar situações potencialmente perturbadoras com calma, de modo que elas causem a menor interrupção energética possível em sua vida, é uma medida de seu domínio pessoal.

ADAPTABILIDADE

A adaptabilidade está no cerne da evolução. Toda a história da evolução e do desenvolvimento humano gira em torno de entidades e suas estruturas de grupo aprendendo a se adaptar às mudanças que ocorrem nas condições estruturais de sua existência. Essas mudanças podem ser causadas pelas próprias entidades, como a contribuição humana para o aquecimento global, ou por fatores externos. As entidades e suas estruturas de grupo só podem sobreviver se forem capazes de se adaptar às novas condições estruturais, restabelecendo sua estabilidade interna e equilíbrio externo.

Em um estudo longitudinal de várias décadas com cem graduados de Harvard, o principal e mais importante fator que diferenciou os graduados mais bem-sucedidos dos menos bem-sucedidos ao longo de suas vidas foi sua capacidade de adaptação. Os resultados desta pesquisa são relatados no livro de George E. Vaillant chamado *Adaptation to Life*.[34] Os pesquisadores descobriram que os indivíduos mais bem-sucedidos (aqueles mais capazes de lidar com as vicissitudes da vida) usaram estratégias de enfrentamento maduras que lhes permitiram se adaptar às mudanças em suas condições de vida. As estratégias que eles usaram para autorregulação incluíram:

Altruísmo: O altruísmo é a capacidade de se dedicar a atender às necessidades dos outros, tornando as preocupações deles centrais em sua vida: em outras palavras, assumir um senso mais amplo de sua própria identidade.

Humor: O humor é a capacidade de rir da sua própria situação e, assim, aliviar a carga do que você tem que suportar: em outras palavras, não levar a vida muito a sério.

Supressão: A supressão é a capacidade de adiar a atenção a um impulso ou conflito até que você esteja calmo o suficiente para lidar com ele: em outras palavras, entender e dominar suas emoções.

Antecipação: é a capacidade de antecipar e planejar a possibilidade de um futuro desconforto interior e gerenciar o processo: em outras palavras, ter a coragem de enfrentar seus medos.

Sublimação: é a capacidade de atenuar ou canalizar a expressão das respostas instintivas em formas de expressão que não resultam em consequências adversas para você ou para os outros: em outras palavras, ser capaz de controlar suas emoções.

Hoje em dia, classificaríamos essas estratégias de enfrentamento maduras sob o título de inteligência emocional. O estudo descobriu que aqueles que eram menos capazes de se adaptar às suas situações de vida usavam estratégias como as seguintes:

Repressão: A repressão envolve bloquear a percepção consciente de sentimentos e instintos: em outras palavras, negar suas emoções.

Comportamento passivo-agressivo: O comportamento passivo-agressivo é uma agressão sublimada expressa indiretamente pela passividade: em outras palavras, tentar exercer controle sobre os outros cedendo ao medo do confronto.

Projeção: A projeção envolve aliviar a dor não reconhecida projetando seus sentimentos de inadequação nos outros: em outras palavras, não reconhecer sua responsabilidade por como você está se sentindo.

Intelectualização: A intelectualização envolve a negação de seus sentimentos ao racionalizar a situação: em outras palavras, usar seu campo mental para dominar seu campo emocional.

***Acting out**:** *Acting* out compreende ter acessos de raiva e impulsos motores para evitar lidar com a tensão e com os próprios sentimentos: em outras palavras, canalizar suas emoções não resolvidas através do corpo.

O que os resultados desta pesquisa mostram é que você precisa ser adaptável se quiser ter uma vida bem-sucedida e, para ser adaptável, precisa demonstrar inteligência emocional e inteligência social. Eu defino inteligência emocional e inteligência social das seguintes maneiras:

* N.T.: Termo utilizado por psicanalistas brasileiros para o conceito de Freud, e não traduzido para o português.

Inteligência emocional: a capacidade de entender, gerenciar e usar suas próprias emoções para guiar sua tomada de decisões sabiamente.

Inteligência social: a capacidade de entender e usar as emoções dos outros para guiar sua tomada de decisões sabiamente.

A inteligência emocional requer:

Autoconsciência: a capacidade de ler suas emoções e sentimentos, reconhecer o impacto delas sobre si e os outros, e usá-las para orientar suas decisões.

Autogestão: a capacidade de gerenciar ou dominar suas emoções para que você possa se adaptar mais prontamente às mudanças nas circunstâncias e atender às suas próprias necessidades.

A inteligência social requer:

Consciência social: a capacidade de sentir, compreender e responder às emoções dos outros em uma situação de grupo.

Gestão de relacionamentos: a capacidade de inspirar, influenciar e desenvolver outras pessoas enquanto gerencia conflitos.

As habilidades associadas à prática da inteligência emocional exigem domínio pessoal — a capacidade de gerenciar as emoções do ego baseadas no medo. As habilidades associadas à prática da inteligência social não exigem apenas domínio pessoal; elas também exigem domínio da alma — a capacidade de acessar a confiança, a empatia e a compaixão que emanam de sua alma (uma vida dirigida por valores), bem como a capacidade de acessar, compreender e ativar sua missão pessoal (uma vida dirigida por propósitos).

RESUMO

Aqui estão os pontos principais deste capítulo:

1. Os seres humanos têm três mentes: mente-corpo, mente-ego e mente-alma.
2. A alma habita um mundo energético — o mundo quântico da quarta dimensão da consciência.

3. Nossas almas são aspectos individuados do campo de energia universal.
4. O papel da alma é apoiar a evolução da consciência na terceira dimensão da realidade, levando uma vida dirigida por valores e propósitos.
5. O corpo é o veículo da alma na realidade tridimensional.
6. A mente-corpo representa a consciência coletiva dos órgãos, células, moléculas e átomos que compõem seu corpo físico tridimensional.
7. O papel da mente-corpo é manter seu corpo funcionando (homeostase) para que sua alma possa cumprir seus propósitos.
8. O papel do ego é apoiar sua alma, protegendo seu corpo e mantendo-o a salvo de danos em seu ambiente físico — o mundo tridimensional da forma e da matéria.
9. O ego cumpre seu propósito ao se concentrar em três necessidades humanas básicas: sobrevivência e segurança, amor e pertencimento e respeito e reconhecimento — as necessidades de deficiência do ego.
10. Mantemos nosso corpo saudável por meio de exercícios físicos, boa alimentação e moradia em um ambiente saudável, mantendo nossa mente-ego em alinhamento energético com nossa mente-alma.
11. A maneira de alinhar a mente-ego com a mente-alma é nos concentrarmos no domínio pessoal, liberando as crenças do ego baseadas no medo sobre ser capaz de atender às suas necessidades de deficiência.
12. Apoiamos o ego e a alma na satisfação de suas necessidades desenvolvendo nossa inteligência emocional e social.

No próximo capítulo, descreverei os sete estágios do desenvolvimento psicológico e mostrarei como eles se relacionam com o desenvolvimento do ego e a ativação da alma.

7

Estágios do desenvolvimento psicológico

O crescimento e o desenvolvimento da mente-ego e a ativação da mente-alma são estágios naturais em nosso desenvolvimento psicológico. Os três primeiros estágios — sobrevivência, conformação e diferenciação — são estágios do desenvolvimento do ego pelos quais todos passamos naturalmente, desde o momento em que nascemos até o momento em que nos tornamos jovens adultos. Nossa capacidade de dominar esses estágios de desenvolvimento determinará, em grande medida, o quanto poderemos progredir ao passar pelos estágios subsequentes de desenvolvimento.

Enquanto os três primeiros estágios de desenvolvimento tratam de aprender a sobreviver como jovem em sua estrutura de existência parental e cultural — quando você depende de outras pessoas para atender às suas necessidades — o quarto estágio de desenvolvimento, conhecido como individuação, envolve estabelecer-se como um adulto independente viável, responsável por atender às suas próprias necessidades. Isso envolve: a) abandonar os aspectos de seu condicionamento parental e cultural que você assimilou durante os três primeiros estágios de desenvolvimento que não lhe servem mais; e b) abraçar os valores, interesses e paixões que representam seu verdadeiro eu — seu eu (self) da alma ou, como Marc Gafni, diretor do Centro de Espiritualidade Mundial, chama-o, seu "eu único".[35]

Por causa da pobreza e das circunstâncias culturais e políticas em que vive a maioria das pessoas no planeta, grande parte delas nunca consegue atingir esse estágio de seu desenvolvimento. Elas vivem em um estado de dependência, incapazes de alcançar a independência porque se definem pelas crenças culturais e religiosas e pelas tradições e rituais familiares nos quais foram criados. Ou, por outro lado, são impedidas de expressar seu verdadeiro eu por regimes políticos repressivos.

Nessas circunstâncias, é preciso muita coragem para ser diferente — para se separar da multidão e ser fiel a quem você realmente é. Se você tiver a sorte de viver em uma cultura ou em um país onde a individualidade é aceita, a educação está disponível gratuitamente e você é incentivado a se tornar uma pessoa viável e independente (ganhar uma renda que lhe permita cuidar de si mesmo e das necessidades básicas de sua família), então você pode começar a ser levado para os estágios mais elevados do desenvolvimento psicológico — autoatualização, integração e serviço.

É durante esses estágios de desenvolvimento que você ativa sua alma, descobrindo e alinhando-se com as motivações de sua alma e passando de um estado de independência para um estado de interdependência. Os parágrafos a seguir fornecem um panorama geral dos sete estágios do desenvolvimento psicológico.

Sobrevivência

A busca pela sobrevivência começa assim que um bebê humano nasce. O bebê sabe instintivamente que deve se estabelecer como uma entidade viável se quiser permanecer no mundo físico. Nesse estágio, o bebê é totalmente dependente de outras pessoas para atender às suas necessidades. Durante o primeiro estágio do desenvolvimento psicológico, a criança precisa estabelecer seu próprio senso de identidade separado e aprender a exercer controle sobre seu ambiente para que possa ter suas necessidades de sobrevivência atendidas.

Se, por qualquer motivo, a criança for incapaz de realizar essa última tarefa, seja porque seus pais não estão vigilantes o suficiente para atender às suas necessidades, ou porque a criança é deixada sozinha ou abandonada por longos períodos, o ego nascente da criança muito provavelmente formará crenças subconscientes baseadas no medo (esquema inicial desadaptativo) de que o mundo é um lugar inseguro e que outras pessoas não são confiáveis.

Se, por outro lado, os pais da criança estiverem atentos às suas necessidades e estiverem atentos aos sinais de angústia, a criança crescerá com um senso de segurança e com a sensação de que os outros são confiáveis.

Sentir-se seguro e protegido é a primeira e mais importante necessidade da mente-ego.

Conformação

Durante o estágio seguinte do desenvolvimento psicológico, o estágio de conformação ou autoproteção, as crianças aprendem que a vida é mais agradável e menos ameaçadora se viverem em harmonia com os outros. A tarefa neste estágio de desenvolvimento é aprender a se sentir amado e seguro em seu grupo familiar. A adesão às regras e rituais (conformação) se torna importante porque eles consolidam seu senso de pertencimento e aumentam seu senso de segurança.

Nesse estágio, as crianças também aprendem crenças e comportamentos que lhes permitem maximizar o prazer e minimizar a dor. Se for usada punição para garantir a conformação, a criança pode adotar uma estratégia de culpar os outros para evitar advertências. Se a criança acreditar que as regras ou advertências são injustas ou incorretas, ela pode desenvolver uma tendência rebelde.

Se por algum motivo (geralmente por causa de uma educação ruim) você crescer sentindo que não é amado ou que não pertence ao grupo, seu ego pode desenvolver crenças subconscientes baseadas no medo de que o mundo é injusto e que você não merece amor. Mais tarde na vida, você pode constantemente buscar afeto e querer encontrar um grupo ou comunidade que o aceite do jeito que você é. Sentir-se amado e ter a sensação de pertencer a um grupo ou comunidade é a segunda necessidade mais importante da mente-ego.

Diferenciação

Durante o estágio seguinte do desenvolvimento psicológico, o estágio de diferenciação, a criança busca se tornar especial — reconhecida por seus pais por se destacar ou se sair bem. A tarefa neste estágio é desenvolver um sentimento saudável de orgulho por suas realizações e um sentimento de autoestima. Você quer se sentir bem com quem você é e sentir-se respeitado por seus colegas.

Seus pais são fundamentais nesse estágio de seu desenvolvimento para lhe dar o feedback positivo de que você precisa. Se você não conseguir esses feedbacks, crescerá com a crença subconsciente baseada no medo de que não é bom o suficiente. Você se sentirá motivado a provar seu valor próprio. Você pode se tornar altamente competitivo, tentando buscar poder, autoridade ou status para ser reconhecido por seus colegas ou autoridades como alguém importante ou temido. Se sua mente-ego não receber o reforço de que precisa, você pode crescer com a sensação de que, por mais que tente, o reconhecimento nunca vem a você — os sucessos alcançados nunca serão suficientes. Sentir um senso de valor próprio ou orgulho de suas realizações é a terceira necessidade mais importante da mente-ego.

Se você conseguiu passar com sucesso por esses três primeiros estágios de seu desenvolvimento psicológico sem traumas significativos e sem desenvolver muitas crenças subconscientes baseadas no medo, então será relativamente fácil para você se estabelecer como uma pessoa adulta independente e viável, desde que encontre as oportunidades de que precisa para ganhar a vida que atenda às suas necessidades de sobrevivência.

Individuação

Durante o estágio seguinte do desenvolvimento psicológico — o estágio de individuação — que geralmente ocorre depois de nos tornarmos adultos, começamos a transcender nossa dependência física e emocional de nossos pais e da família, ou do grupo cultural em que fomos criados, liberando as crenças baseadas no medo que desenvolvemos sobre a satisfação de nossas necessidades de sobrevivência, relacionamento e autoestima.

Aprender a reduzir o impacto de suas crenças baseadas no medo pode exigir uma vida inteira de compromisso com o domínio pessoal, entendendo e liberando as crenças subconscientes baseadas no medo que você aprendeu durante os estágios de sobrevivência, conformação e diferenciação de seu desenvolvimento psicológico (esquemas iniciais desadaptativos). Abraçar *seus próprios* valores e crenças sem dúvida significará estabelecer sua independência — abandonar a dependência física e emocional de outras pessoas para atender às suas necessidades físicas e emocionais e buscar seu próprio caminho no mundo.

Isso pode ser extremamente desafiador se você cresceu em uma cultura tribal ou baseada em laços familiares, onde as pessoas dependem umas das outras para sobreviver e onde as pressões para se estar em conformidade com as normas são grandes. Há bilhões de pessoas no planeta que têm dificuldade em se individuar — elas vivem em condições que dificultam seu sustento ou têm crenças subconscientes baseadas no medo que aprenderam durante a infância e que as mantêm focadas em buscar maneiras de satisfazer suas necessidades físicas e emocionais não atendidas (amor e pertencimento, respeito e reconhecimento).

Se, por outro lado, você cresceu com pais autoatualizados, que cuidaram de suas necessidades básicas e sempre o trataram como um jovem adulto, ensinando-o a ser responsável por sua vida e suas emoções, então você terá mais facilidade com o processo de individuação.

Depois de aprender a dominar suas necessidades básicas e estabelecer-se como um indivíduo independente e viável, você poderá, após um certo tempo, sentir uma atração natural em direção ao estágio seguinte de seu desenvolvimento psicológico — a autoatualização.

Autoatualização

O estágio de autoatualização do desenvolvimento psicológico envolve aprender a se alinhar e satisfazer as necessidades de sua alma — aprender a levar uma vida dirigida por valores e aprender a viver uma vida dirigida por propósitos.

Levar uma vida dirigida por valores significa abandonar os modos de tomada de decisão do ego (crenças) e abraçar os modos de tomada de decisão da alma (valores). O progresso que você fizer nesse sentido ditará o quanto você é capaz de manifestar o propósito de sua alma. Você precisará aprender a viver com confiança, empatia e compaixão se quiser realizar plenamente o propósito de sua alma.

Encontrar o propósito de sua alma, seu chamado ou vocação geralmente começa com um sentimento de mal-estar ou tédio com o trabalho do qual você depende para sua subsistência. Você pode achar que seu trabalho não é mais desafiador. Você pode se sentir bloqueado em seu progresso, incapaz de crescer e se desenvolver. Ao começar a descobrir o propósito de sua alma, você sentirá uma atração por uma nova atividade ou por um interesse que esteve contigo por toda a vida — algo mais significativo para você. Descobrir o propósito de sua alma — seu senso de missão — trará paixão e criatividade de volta à sua vida e lhe dará um profundo senso de significado. Encontrar o propósito de sua alma e embarcar em uma vida dirigida por valores representa o primeiro nível de ativação da alma.

Integração

Integração envolve cooperar com outras pessoas que compartilham uma missão ou propósito semelhante para alavancar seu impacto no mundo. As pessoas com quem você colaborar serão pessoas com quem você simpatiza e ressoa: pessoas que compartilham seus valores e seu senso de propósito ou missão — pessoas que estão operando com frequência de vibração e nível de consciência similares.

A tarefa nesse estágio de desenvolvimento é encontrar maneiras de tornar seu senso de propósito real ao fazer a diferença no mundo. Você percebe que, ao unir forças com outras pessoas em empreendimentos coletivos, você pode conseguir muito mais do que conseguiria sozinho. Para fazer essa mudança, você terá que passar da independência para a interdependência. Você começa a perceber que a contribuição que sua alma pode dar e o nível de satisfação é alavancado pela qualidade da conexão que você tem com o grupo com o qual está trabalhando. A integração com outras pessoas para fazer a diferença no mundo representa o segundo nível de ativação da alma.

Serviço

O estágio final do desenvolvimento psicológico envolve reconhecer a unidade e a interdependência de todas as coisas, modificar seus comportamentos para aliviar o sofrimento da humanidade e encontrar maneiras de preservar os sistemas de suporte de vida do mundo para as gerações futuras — incorporando a compaixão e vivendo de forma sustentável em tudo o que você faz.

A tarefa neste estágio de desenvolvimento é levar uma vida de serviço altruísta alinhada com o propósito de sua alma. Fazer a diferença se torna o foco principal da sua vida. Você pode descobrir que seu emprego e seu local de trabalho se tornaram pequenos demais para você cumprir seu chamado. Talvez você precise encontrar um papel novo e maior na sociedade: você pode se tornar um ancião sábio em sua comunidade, um mentor para aqueles que estão enfrentando os desafios da vida; pode cuidar dos doentes ou pessoas em seu leito de morte; pode encontrar maneiras de apoiar crianças ou adolescentes com as dificuldades que enfrentam. Não importa o que você faça, seu objetivo é apoiar o bem-estar de sua comunidade ou da sociedade em que você vive. No fundo, você começará a entender que estamos todos conectados energeticamente e que, ao servir aos outros, você está servindo a si mesmo. O serviço altruísta representa o terceiro nível de ativação da alma.

Os sete estágios do desenvolvimento psicológico ocorrem em ordem consecutiva durante todo o período de nossas vidas. Começamos a jornada aprendendo a sobreviver e completamos a jornada aprendendo a servir. Começamos nossa vida adulta na consciência do ego e, se tivermos sucesso em nosso desenvolvimento psicológico, terminaremos nossas vidas na consciência da alma.

Os sete estágios do desenvolvimento psicológico naturalmente levam ao estabelecimento de sete níveis de consciência. Enquanto os sete estágios do desenvolvimento psicológico representam estágios específicos na jornada de vida de todos (embora nem todos completem essa jornada), as motivações associadas aos sete níveis de consciência indicam onde você chegou em sua evolução pessoal — até que ponto você foi capaz de dominar os medos subconscientes do seu ego e até que ponto você foi capaz de ativar sua alma.

RESUMO

Aqui estão os pontos principais deste capítulo:

1. Todos crescem e desenvolvem-se psicologicamente em sete estágios bem definidos.
2. Os três primeiros estágios representam o crescimento e o desenvolvimento do ego. A motivação subjacente do ego é manter seu corpo seguro e protegido para que sua alma possa estar presente no mundo físico da percepção tridimensional.
3. À medida que o ego cresce e se desenvolve, ele aprende medos conscientes e subconscientes sobre a capacidade de satisfazer suas necessidades de sobrevivência, relacionamento e autoestima. Ele depende de outras pessoas para satisfazer essas necessidades de deficiência.

4. No quarto estágio de desenvolvimento, seu ego começa a gerenciar e superar suas necessidades básicas para que possa se tornar viável e independente.
5. Os últimos três estágios do desenvolvimento psicológico representam níveis sucessivos de ativação da alma — alinhar o ego com a alma (levar uma vida dirigida por valores e propósitos), fazer a diferença no mundo e servir à humanidade ou ao planeta.
6. A jornada do desenvolvimento psicológico pode ser descrita como a passagem da dependência para a independência e depois para a interdependência.

No próximo capítulo, descreverei os sete níveis de consciência/motivação humana e mostrarei como eles se relacionam com os sete níveis de identidade e os sete níveis de felicidade.

8

Níveis de consciência

Nós crescemos e desenvolvemos a consciência primeiro aprendendo a satisfazer as necessidades do nosso ego e depois aprendendo a satisfazer as necessidades da nossa alma.

Começamos aprendendo como satisfazer nossas necessidades fisiológicas e emocionais básicas. Essas são as necessidades do ego de sobrevivência e segurança (as necessidades fisiológicas do primeiro nível de consciência), amor e pertencimento (as necessidades emocionais do segundo nível de consciência) e respeito e reconhecimento (as necessidades emocionais do terceiro nível de consciência). As necessidades e motivações associadas desses níveis de consciência estão alinhadas com os três primeiros estágios do desenvolvimento psicológico.

Se, durante sua infância e adolescência, você não conseguiu atender a essas necessidades básicas, quando adulto, você pode sentir algum nível de ansiedade subconsciente em atender a essas necessidades. O nível de ansiedade que você sente dependerá do grau em que você se apega a quaisquer esquemas desadaptativos iniciais — crenças subconscientes não resolvidas baseadas no medo sobre não ter o suficiente (consciência de sobrevivência), não ser amado o suficiente (consciência de relacionamentos) ou não ser suficiente (consciência de autoestima).

Depois de aprender a dominar essas necessidades e superar ou resolver quaisquer medos subconscientes de não satisfazer essas necessidades, você não dará mais atenção a elas. No entanto, se você passar por uma mudança de circunstâncias ou uma situação em que sinta que não é mais capaz de atender a essas necessidades, verá que sua mente consciente (campo mental) fica preocupada com a ansiedade e os pensamentos movidos pelo medo. Se, por exemplo, você perder o emprego e tiver dificuldade em conseguir outro, e suas economias acabarem, seu pensamento mudará automaticamente para o nível de consciência de sobrevivência.

Quando você aprender a dominar as necessidades (básicas) do seu ego, você naturalmente, após um período de tempo — geralmente na metade da vida — começará a se concentrar em satisfazer as necessidades (de crescimento) de sua alma.

Sua primeira necessidade de crescimento é encontrar a coragem de se individuar — abandonar as crenças associadas ao seu condicionamento parental e cultural que não lhe servem mais ou não se alinham mais com quem você realmente é. Muitas das crenças que você aprendeu enquanto crescia provavelmente lhe serviram bem durante sua infância, adolescência e início da vida adulta, porque permitiram que você se tornasse um adulto viável no contexto de sua existência. À medida que envelhece, você pode achar essas crenças desafiadoras porque elas não se alinham mais com quem você é e com seus valores fundamentais. Elas podem impedir que você se torne um indivíduo autêntico. Isso criará uma dinâmica energética conflituosa entre seu ego e sua alma.

A chave para aprender a viver nesse nível de consciência é encontrar a coragem de abraçar sua independência sem destruir os relacionamentos que você tem com sua família e amigos. Isso exigirá respeito e compreensão, bem como conversas honestas e abertas sobre valores.

É mais fácil fazer essas mudanças em uma democracia liberal, onde a independência é incentivada e a tomada de decisões baseada em valores é aceita, do que em um regime autoritário ou em uma cultura tribal, onde a individualidade é vista como uma ameaça ao sistema social rigorosamente administrado, onde a conformação com as crenças culturais e as regras do regime é esperada.

Eu chamo esse nível de consciência de *transformação*. As necessidades e motivações associadas desse nível de consciência estão alinhadas com o quarto estágio do desenvolvimento psicológico (individuação).

Depois de começar a alinhar as crenças do seu ego com os valores da sua alma e começar a levar uma vida baseada em valores, você sentirá a necessidade de encontrar um significado maior do que simplesmente se esforçar para satisfazer as necessidades do seu ego. Você descobrirá que conseguir mais do que acha que precisa não o deixa mais feliz. Você começa a procurar um propósito mais profundo para sua vida — o propósito de sua alma. Essa é a razão pela qual sua alma encarnou em seu corpo, para que pudesse usá-lo como um veículo para dar seu presente. Eu chamo esse nível de consciência de *autoexpressão* — é aqui que seu ego se alinha com sua alma. Este é o primeiro nível de ativação da alma. As necessidades e motivações associadas desse nível de consciência se alinham com o quinto estágio do desenvolvimento psicológico (autoatualização).

O estágio seguinte da ativação de sua alma exige que você realize o propósito de sua alma fazendo a diferença no mundo. Conforme avança em sua missão, você pode descobrir que sua capacidade de impactar o mundo ao seu redor pode ser significativamente aprimorada se você for capaz de formar alianças com outras pessoas que compartilhem um propósito de alma semelhante. Esse é o sexto nível de consciência. Eu chamo esse nível de consciência de *conexão*. Ele coincide com o sexto estágio de desenvolvimento psicológico.

O estágio final da ativação de sua alma, que representa o sétimo nível de consciência, ocorre quando você decide se tornar o servo de sua alma e levar uma vida de serviço altruísta. Nesse nível de consciência, você está vivendo sua missão todos os dias de sua vida. Eu chamo esse nível de consciência de *contribuição*. Ele coincide com o sétimo estágio de desenvolvimento psicológico.

Ao contrário das necessidades do seu ego, que não ocupam mais sua consciência depois que você aprendeu a satisfazê-las, uma vez que sua alma seja ativada e você comece a focar sua percepção consciente em suas necessidades, você descobre que essas necessidades não desaparecem. Pelo contrário, elas começam a absorver cada vez mais do seu tempo e dos seus pensamentos. Você fica altamente motivado. Você encontra novos níveis de entusiasmo e níveis mais altos de intuição e criatividade.

Você pode dizer em quais níveis de consciência está operando a qualquer momento ao observar o que o está motivando atualmente. Você está focado em sobreviver — nível 1; família e amizade — nível 2; explorar seus talentos — nível 3; sair sozinho — nível 4; encontrar um senso de significado — nível 5; fazer a diferença — nível 6; ou servir abnegadamente — nível 7; ou está focado em várias ou todas essas motivações?

A chave para identificar em quais níveis de consciência você está operando é observar onde sua atenção está focada: o que é mais importante para você neste momento, o que você está tentando fazer ou alcançar para si mesmo ou para os outros.

Se, por exemplo, você está começando uma família e está gastando muito tempo focando em sua carreira, não estando disponível para passar bons momentos com seu cônjuge e filhos, você está operando no nível de consciência da autoestima. Você provavelmente está apegado a algumas necessidades não atendidas de ser reconhecido ou validado. Se, por outro lado, você está se dedicando à sua carreira *e* consegue estar presente para sua família, provavelmente está operando no nível de consciência da transformação.

Outra forma de avaliar em quais níveis de consciência você está operando é observar com que você se identifica. Você se identifica exclusivamente consigo mesmo — nível 1; com sua família — nível 2; com aqueles com quem você compartilha um interesse comum — nível 3; com aqueles que compartilham os mesmos valores — nível 4; com aqueles que compartilham uma missão ou visão semelhante — nível 5; com grupos que compartilham visão, missão e valores semelhantes — nível 6; ou com toda a humanidade, gerações futuras e nosso ambiente físico — nível 7. Cada um deles representa diferentes níveis de consciência. Os sete níveis de identidade são descritos com mais detalhes posteriormente neste capítulo.

Outra forma de descobrir em quais níveis de consciência você está operando é observar o que te faz feliz. Você é feliz quando está satisfazendo suas necessidades fisiológicas, comendo, bebendo e fazendo sexo — nível 1; quando está conversando com outras pessoas — nível 2; quando está envolvido em um hobby ou atividade — nível 3; quando está explorando sua liberdade e autonomia — nível 4; quando está procurando encontrar significado e propósito para sua vida — nível 5; quando está fazendo a diferença no mundo — nível 6; ou, quando está engajado em serviço abnegado — nível 7. Cada um deles representa um nível diferente de consciência.

O MODELO

O modelo dos sete níveis de consciência é baseado na hierarquia de necessidades de Abraham Maslow. Quando me deparei com o trabalho de Maslow, ficou claro para mim que sua pesquisa e pensamento estavam à frente de seu tempo. Abraham Maslow morreu em 1970 aos sessenta e dois anos, bem antes de o movimento da consciência se enraizar. Ao examinar seu modelo, vi que, com algumas pequenas mudanças, sua hierarquia de necessidades poderia ser transposta para uma estrutura de consciência. Comecei a fazer essas mudanças por volta de 1995. A hierarquia de necessidades de Maslow e o modelo de sete níveis de consciência são mostrados na tabela a seguir.

<table>
<tr><th>MASLOW</th><th colspan="2">BARRETT</th></tr>
<tr><th>Hierarquia de necessidades</th><th colspan="2">Níveis de consciência</th></tr>
<tr><td rowspan="3">Autoatualização</td><td>7</td><td>Contribuição</td></tr>
<tr><td>6</td><td>Conexão</td></tr>
<tr><td>5</td><td>Autoexpressão</td></tr>
<tr><td>Saber e entender</td><td>4</td><td>Transformação</td></tr>
<tr><td>Autoestima</td><td>3</td><td>Autoestima</td></tr>
<tr><td>Pertencimento</td><td>2</td><td>Relacionamentos</td></tr>
<tr><td>Segurança</td><td rowspan="2">1</td><td rowspan="2">Sobrevivência</td></tr>
<tr><td>Necessidades fisiológicas</td></tr>
</table>

De Maslow a Barrett

Mudando das necessidades para a consciência

A primeira mudança que fiz no modelo de Maslow foi mudar o foco de necessidades para a consciência. Ficou claro para mim que quando as pessoas têm ansiedades subjacentes ou medos subconscientes de não serem capazes de atender às suas necessidades básicas, suas mentes subconscientes ou conscientes permanecem focadas em encontrar maneiras de satisfazer essa necessidade. Elas estão focadas no nível de consciência que representa a necessidade que estão sentindo. Os problemas surgem quando o foco na necessidade é impulsionado por uma crença subconsciente baseada no medo de não ser capaz de satisfazer a necessidade — um esquema inicial desadaptativo. Quando isso acontece, você nunca terá o suficiente daquilo que acha que precisa para amenizar a ansiedade ou os medos subconscientes, mesmo que, para um observador externo, pareça que a necessidade já tenha sido atendida.

Por exemplo, quando uma pessoa tem uma crença baseada no medo no nível de consciência de sobrevivência, não importa quanto dinheiro ela ganhe, ela sempre acabará querendo mais. Para elas, o suficiente nunca é suficiente. Essas pessoas podem continuar focadas no nível de consciência de sobrevivência por toda a vida, mesmo que tenham dominado algumas de suas outras necessidades — por exemplo, elas podem estar em um relacionamento amoroso e ter todas as suas necessidades atendidas nesse nível.

Aqueles que têm ansiedades subjacentes ou medos subconscientes sobre pertencimento ou ser amados inconscientemente operam a partir do nível de consciência do relacionamento. Eles têm uma forte necessidade de sentir afeto ou ligação que não tiveram na infância. Como adultos, eles podem comprometer sua própria integridade para que essas necessidades sejam atendidas. Eles querem ser queridos ou amados. Eles têm dificuldade em lidar com conflitos e podem usar o humor para reduzir as tensões e trazer harmonia a uma situação. Eles têm medo de não serem amados ou aceitos. Eles dependem dos outros para ter o amor que desejam.

Aqueles que têm ansiedades ou medos subjacentes sobre seu desempenho ou classificação em relação a seus colegas operam subconscientemente a partir do nível de consciência de autoestima. Eles têm uma forte necessidade de reconhecimento ou aceitação que não receberam na infância. Quando adultos, buscam poder, autoridade ou status para atender a essas necessidades. Os elogios ou reconhecimento que recebem nunca são suficientes. Consequentemente, tornam-se perfeccionistas, viciados em trabalho e têm resultados acima da média. Não importa quantos elogios recebam, eles sempre querem mais.

Essas considerações me levaram a reconhecer que nosso esquema inicial desadaptativo influencia diretamente os níveis de consciência a partir dos quais operamos.

Expandindo o conceito de Autoatualização

A segunda mudança que fiz foi expandir o conceito de autoatualização de Maslow. Eu queria expandir as definições das necessidades de nossa alma (às vezes chamadas de nossas necessidades espirituais). Alcancei esse objetivo integrando os conceitos associados aos estados de consciência descritos na filosofia védica (consciência da alma, consciência cósmica, consciência de Deus e consciência de unidade) ao modelo dos sete níveis de consciência.

De acordo com a filosofia védica, nossas mentes multidimensionais têm a capacidade de experimentar sete estados de consciência. Os três primeiros (vigília, sonho e sono profundo) fazem parte da experiência diária de todos.

No quarto estado de consciência (consciência da alma), você começa a reconhecer que é mais do que seu ego e seu corpo físico. Você começa a se identificar com os valores e o propósito de sua alma e sua realidade energética. Você pode experimentar esse estado de consciência por meio da meditação. Durante a meditação, o corpo e seus sistemas neurológicos ficam totalmente relaxados. Ao mesmo tempo, sua mente se deleita com a paz que está além do espaço e do tempo.

Depois da consciência da alma, há um quinto estado de consciência, conhecido como consciência cósmica. Nesse estado de consciência, você se identifica continuamente com sua alma, não apenas quando medita. Você vive em um estado de funcionamento mental e fisiológico sem medo. Nesse estado, você realiza seus desejos sem esforço e, ao mesmo tempo, apoia os interesses dos outros. Você opera com base no princípio da autorreferência. Ou seja, você é capaz de viver sua vida ao máximo sem nunca se sentir dependente da aprovação de outras pessoas. Você é o mestre do seu destino porque se tornou o servo da sua alma.

No sexto estado de consciência, conhecido como consciência de Deus, você se torna consciente do profundo nível de conexão entre sua alma e todas as outras almas, resta apenas a mais fina sensação de separação entre você e os outros. Você começa a perceber que, além do nível de consciência da alma, não existem "outros", somos todos aspectos individuados do mesmo campo de energia universal. Quando eu dou para você, estou dando para outro aspecto de mim mesmo. Quando eu critico você, estou criticando outro aspecto de mim mesmo.

No sétimo estado de consciência, conhecido como consciência unitária, você se torna um com tudo o que existe. O *eu* se funde com o aspecto próprio de todas as outras formas de criação em total unidade. Não há separação entre o conhecedor e o objeto do conhecimento. Até onde eu sei, isso representa o mais alto estado de consciência que os humanos podem atingir.

À medida que você avança por esses diferentes estágios de consciência, você experimenta um senso de identidade cada vez mais elevado e inclusivo.

Enquanto todos nós vivenciamos os três primeiros estados de consciência (vigília, sonho e sono profundo) quase todos os dias de nossas vidas, a frequência de nossas experiências dos estados superiores de consciência depende do nível de evolução de nossa consciência no estado desperto, o grau em que aprendemos a liberar nossos medos conscientes e subconscientes e a viver uma vida dirigida por valores e propósitos.

Conforme progredimos no domínio de nossas necessidades físicas e emocionais básicas, abandonando nossas crenças subconscientes baseadas no medo e liberando nossas almas, conseguimos acessar mais frequentemente os estados superiores de consciência. Você reconhecerá esses momentos com bastante facilidade porque será dominado por sentimentos de amor, alegria ou felicidade. Você pode sentir energia surgindo ou formigando pelo seu corpo em momentos de ressonância, ou pode sentir uma profunda sensação de conexão com outra pessoa ou com o mundo em geral. Às vezes, essas experiências duram um breve momento, às vezes por vários segundos e, se você tiver sorte, por vários dias.

Sempre me lembrarei da profunda sensação de alegria que se apoderou de mim duas horas após a morte de minha mãe. Eu estive com ela todos os dias durante o último ano de sua vida. Ela estava acamada e incapaz de cuidar de si mesma. Parecia que a alegria que eu estava sentindo era a alegria dela por ter sido liberada de seu corpo físico. Ela queria deixar seu corpo havia vários meses. Ela continuou me dizendo: "Por que não posso morrer como minhas irmãs?" — todos elas tiveram mortes súbitas. A alegria da libertação de minha mãe de seu corpo físico permaneceu comigo por quase duas semanas, diminuindo gradualmente após seu enterro.

Você pode ter tido uma experiência semelhante em sua vida ou pode ter tido várias dessas experiências. Ter essas experiências nunca foi meu objetivo. Eu prefiro vê-las como presentes da graça da minha alma. Elas me dão uma sensação de conexão com a quarta dimensão da consciência (e além) e me fazem sentir que minha vida é real, valiosa e, portanto, tem significado.

Às vezes, mesmo aqueles que não estão focados em sua evolução pessoal experimentam estados mais elevados de consciência. Quando isso ocorre, geralmente é um momento de mudança de vida. Essas experiências não são aleatórias. Acredito que essas são intervenções de nossas almas com o propósito de chamar nossa atenção para suas necessidades — viver uma vida dirigida por valores e propósitos em nossa realidade física tridimensional. É como se, pela graça, a alma abrisse a porta de nossa percepção para outras potencialidades, convidando-nos a crescer e evoluir. A característica que define esses estados superiores de consciência é sempre a mesma: a ausência de medo e um sentimento de profunda conexão.

TRANSFORMAÇÃO

A primeira constatação que tive ao estudar os estados de consciência descritos na filosofia védica foi que o início da consciência da alma corresponde estreitamente à necessidade de Maslow de "conhecer e entender" e ao conceito de "individuação" de Carl Jung. Esse é o quarto nível de consciência. Eu chamei esse nível de "*transformação*". É um precursor essencial da autoatualização.

A transformação é o nível de consciência em que começamos a investigar a verdadeira natureza de quem somos, independentemente da cultura e do ambiente em que fomos criados. Nesse nível de consciência, somos capazes de nos afastar o suficiente do ambiente social que condicionou nossas crenças e então fazer nossas próprias escolhas para que possamos nos tornar autores de nossas próprias vidas e desenvolver nossa própria voz.

O PRIMEIRO NÍVEL DE AUTOATUALIZAÇÃO

Acredito que a consciência cósmica corresponde ao primeiro nível de autoatualização. Eu me refiro a esse nível de consciência como "*autoexpressão*", o quinto dos sete níveis de consciência. Nesse nível de consciência, seu ego e sua alma se combinam em uníssono. Esse é o significado da coesão interna. Nesse nível de consciência, você encontra seu senso pessoal de propósito transcendente (propósito da alma). Seu ego e alma se alinham energeticamente. Você se torna uma personalidade cheia de alma que deseja levar uma vida dirigida por valores e propósitos.

O SEGUNDO NÍVEL DE AUTOATUALIZAÇÃO

Acredito que a consciência de Deus corresponde ao segundo nível de autoatualização. Eu me refiro a esse nível de consciência como "*conexão*", o sexto dos sete níveis de consciência. Nesse nível, você começa a descobrir os atributos mais profundos da sua alma. Você desenvolve um senso de conhecimento que vai além da lógica e do raciocínio, e sua intuição desempenha um papel maior na tomada de decisões. Nesse nível de consciência, você ativa totalmente o propósito de sua alma ao cumprir seu papel de fazer a diferença no mundo. Você aprende rapidamente que que você pode fazer uma diferença muito maior por conta de sua capacidade de colaborar com outras pessoas que compartilhem os mesmos valores e uma missão, visão ou propósito semelhantes.

O TERCEIRO NÍVEL DE AUTOATUALIZAÇÃO

Eu acredito que a consciência de unidade corresponde ao terceiro nível de autoatualização. Eu me refiro a esse nível de consciência como "*contribuição*", o último dos sete níveis de consciência. Chegamos a esse nível de consciência quando a busca por fazer a diferença se torna um estilo de vida. Nesse nível de consciência, embarcamos em uma vida de serviço abnegado. Estamos à vontade com a incerteza e podemos acessar as fontes mais profundas de sabedoria. Aprendemos a operar com humildade e compaixão.

Embora eu tenha plena ciência de que as correlações que fiz entre a filosofia védica e os sete níveis da consciência humana podem não ser exatas, elas estão suficientemente próximas para merecer nossa atenção e fornecer insights sobre as motivações e o significado espiritual subjacente do processo de autoatualização.

Dando novos nomes aos níveis de consciência mais baixos

A última mudança que fiz na hierarquia de necessidades de Maslow foi combinar o nível de sobrevivência fisiológica com o nível de segurança em uma única categoria. Encontrei justificativa para fazer isso porque nossas células e órgãos (nossa mente-corpo) cuidam basicamente das necessidades fisiológicas de nosso corpo, não de nossa consciência. Somente em momentos de angústia ou disfunção nossa consciência intervém no funcionamento do corpo. Por exemplo, nosso corpo envia sinais à nossa consciência quando precisa de comida e água ou precisa eliminar impurezas. Nossa consciência não está no controle dessas funções naturais. Eu chamei esse nível combinado de "*consciência de sobrevivência*" porque ela se concentra em questões de sobrevivência física, segurança física e saúde física.

Também renomeei o nível de amor/pertencimento: dei a ele o nome de "*consciência de relacionamento*". Encontrei justificativa para fazer isso porque nossa capacidade de experimentar um sentimento de pertencimento e amor depende significativamente da qualidade de nossos relacionamentos. Eu não renomeei o nível de autoestima. O nível de autoestima, juntamente com o nível de relacionamento, representa nossas necessidades emocionais.

Assim, criei três níveis de consciência humana a partir dos primeiros quatro níveis da hierarquia de necessidades básicas de Maslow: consciência de sobrevivência (sobrevivência e segurança combinados), consciência de relacionamento (substituindo amor/pertencimento) e consciência da autoestima. Juntos, esses três níveis de consciência representam o surgimento e o desenvolvimento do ego — os três primeiros estágios do desenvolvimento psicológico.

Com essas três mudanças no modelo de Abraham Maslow (mudar de necessidades para consciências, expansão da autoatualização e renomeação das necessidades básicas), consegui construir um modelo de consciência que corresponde à evolução do ego humano e à ativação da alma humana. Cada nível do modelo representa uma necessidade evolutiva inerente à condição humana.

As necessidades que temos geram motivações que, por sua vez, determinam nossos comportamentos. Se você não conseguir atender a uma necessidade específica, sua consciência permanecerá focada nesse nível até que você seja capaz de satisfazer essa necessidade. Quando aprendemos a dominar as necessidades de um determinado nível, mudamos automaticamente o foco de nossa consciência e nossas motivações para satisfazer nossa próxima necessidade mais importante — geralmente uma necessidade que existe no próximo nível superior de consciência.

Foi só depois de descobrir os três estágios universais da evolução que reconheci que eles se correlacionavam diretamente com o modelo dos sete níveis de consciência. O primeiro estágio universal da evolução, tornar-se viável e independente, corresponde aos três primeiros níveis de consciência. O segundo estágio universal da evolução, a união para formar uma estrutura de grupo (a ligação do ego com a alma), corresponde ao quarto e quintos níveis de consciência. O terceiro estágio universal da evolução, cooperar para formar uma entidade de ordem superior, corresponde ao sexto e ao sétimo níveis de consciência — trabalhar com outras pessoas para fazer a diferença no mundo.

OS SETE NÍVEIS DE MOTIVAÇÃO HUMANA

As necessidades e motivações associadas a cada um dos sete níveis de consciência são mostradas na tabela a seguir, juntamente com as tarefas de desenvolvimento correspondentes e os estágios universais da evolução.

Estágios da evolução	Níveis de consciência		Motivação	Tarefa de desenvolvimento
COESÃO EXTERNA **Cooperar com outras pessoas para o bem da humanidade**	7	Contribuição	*Dedicar sua vida ao serviço altruísta em busca de seu propósito e visão. Abraçar a compaixão.*	**Serviço** Cumprir o destino de sua alma retribuindo ao mundo em serviço abnegado.
	6	Conexão	*Realizar seu senso de propósito colaborando com outras pessoas para fazer a diferença. Abraçar a empatia.*	**Integração** Alinhar-se com outras pessoas que compartilham os mesmos valores e propósitos.

Estágios da evolução	Níveis de consciência		Motivação	Tarefa de desenvolvimento
COESÃO INTERNA **Vincular seu ego à sua alma para abraçar seu eu autêntico.**	5	Autoexpressão	*Encontrar significado descobrindo seu propósito e criar uma visão para o futuro que você deseja manifestar. Abraçar a confiança.*	**Autoatualização** Alinhar-se totalmente com quem você é para que você possa se tornar tudo o que você pode se tornar.
	4	Transformação	*Abraçar sua individualidade para se tornar responsivo e responsável por sua vida e ser fiel a quem você é.*	**Individuação** Abandonar os aspectos da programação parental e do condicionamento cultural que não lhe servem mais.
DOMÍNIO PESSOAL **Tornar-se um indivíduo humano viável.**	3	Autoestima	*Satisfazer sua necessidade de se sentir bem consigo mesmo administrando sua vida e sentindo orgulho de seu desempenho.*	**Diferenciação** Explorar seus talentos e destacar-se no que você faz de melhor.
	2	Relacionamentos	*Satisfazer sua necessidade de pertencimento e de sentir-se amado por sua família e amigos.*	**Conformação** Manter-se seguro e fiel à sua família/cultura.
	1	Sobrevivência	*Satisfazer suas necessidades fisiológicas de sobrevivência.*	**Sobrevivência** Permanecer vivo.

Sete níveis de motivação humana

CONSCIÊNCIA DE ESPECTRO TOTAL

Não se iluda pensando que, do ponto de vista da consciência, quanto maior, melhor. Quanto mais elevado o nível, mais você entrará em contato com sua alma e conseguirá viver a vida que sua alma está destinada. Mas, e é relevante, se você não conseguiu dominar os primeiros níveis de consciência, a capacidade de administrar sua vida física tridimensional (suas necessidades de sobrevivência, relacionamento e autoestima) e não se individuou (tornar-se seu próprio mestre), você não é muito útil para sua alma.

Sua alma precisa que você gerencie os aspectos físicos e tridimensionais de sua vida para que ela possa cumprir seu propósito. Se você está lutando para sobreviver, tendo problemas para administrar seus relacionamentos e achando difícil obter o reconhecimento que acha que merece, essas necessidades exigirão constantemente sua atenção e impedirão que sua alma tenha suas necessidades atendidas.

Sua primeira tarefa, portanto, é se concentrar em seu domínio pessoal — o primeiro estágio de desenvolvimento. Quando você se tornar um ser humano viável e independente, então, e somente então, poderá dedicar sua atenção de todo o coração ao segundo estágio de seu desenvolvimento — unir seu ego à sua alma. Abraçar seu eu único exige que você abandone os aspectos de sua programação parental e do condicionamento cultural que não refletem quem você realmente é. Por fim, quando tiver alinhado as crenças de seu ego com os valores de sua alma — unido seu ego à sua alma — você estará pronto para fazer o trabalho de sua alma no mundo e entrará no terceiro estágio de seu desenvolvimento — cooperando com outras pessoas para fazer a diferença no mundo.

A jornada para a consciência de espectro total não é tão simples ou fácil quanto eu faço parecer. Está repleta de obstáculos (os medos do ego), falsas reviravoltas (busca para satisfazer as necessidades do ego), desafios (eventos imprevistos aos quais você deve se adaptar) e incertezas (não saber como as coisas vão acabar). A única maneira de superar esses obstáculos, falsas reviravoltas, desafios e incertezas é confiar no processo, manter o foco na meta e ter fé em sua alma.

OS SETE NÍVEIS DE IDENTIDADE

Como expliquei anteriormente neste capítulo, os sete níveis de consciência estão intimamente relacionados ao seu senso de identidade. Seja lá o que ou com quem você se identifique, é com isso que você se importa e é disso que você cuida. Cada mudança para um nível mais alto de identidade exige que você adote um senso de identidade maior e expanda sua consciência. Você sempre opera com base no interesse próprio, mas à medida que aumenta seu nível de consciência, o eu, que tem o interesse próprio, tem um maior senso de identidade. Quando esse senso maior de identidade toma decisões, ele o faz pensando no bem-estar do grupo com o qual você se identifica.

Por exemplo, quando você se identifica com sua família, você se preocupa com o bem-estar de sua família e suas decisões são baseadas no que é melhor para a família. Quando você se identifica com sua organização, você se preocupa com o bem-estar de sua organização e suas decisões são baseadas no que é melhor para a organização. Quando você se identifica com sua nação, você se preocupa com o bem-estar de sua nação e suas decisões são baseadas no que é melhor para a nação. E quando você se identifica com a humanidade, você se preocupa com o bem-estar da humanidade e suas decisões são baseadas no que é melhor para a humanidade.

Os sete níveis de identidade que correspondem aos sete níveis de consciência e aos três estágios universais da evolução são mostrados na tabela a seguir. À medida que você muda de um nível de identidade para o próximo, seu nível de consciência se expande e inclui as pessoas do grupo com o qual você se identifica.

Estágios da evolução	Níveis de consciência		Nível de identidade
COESÃO EXTERNA **Cooperar com outras pessoas para o bem da humanidade.**	7	Contribuição	O Eu como membro da raça humana, vivendo na Terra e adotando a sustentabilidade de espectro total.
	6	Conexão	O Eu como membro de uma comunidade e/ou ligado a grupos com valores compartilhados, missões alinhadas e uma visão comum.
COESÃO INTERNA **Vincular seu ego à sua alma para abraçar seu eu autêntico.**	5	Autoexpressão	O Eu como membro de um grupo que compartilha os mesmos valores e uma missão ou visão que se alinha ao seu senso de propósito.
	4	Transformação	O Eu como membro de um grupo que compartilha os mesmos objetivos e valores e celebra e incentiva suas habilidades e talentos únicos.

Estágios da evolução	Níveis de consciência		Nível de identidade
DOMÍNIO PESSOAL **Tornar-se um indivíduo humano viável.**	3	Autoestima	O Eu como membro ou apoiador de um grupo que se alinha à sua fé religiosa, interesses políticos e/ou opiniões.
	2	Relacionamentos	O Eu como membro de uma família ou clã com uma herança ou etnia compartilhada.
	1	Sobrevivência	O Eu como indivíduo em um corpo físico buscando atender às suas necessidades fisiológicas.

Sete níveis de identidade humana

Podemos resumir os sete níveis de identidade da seguinte maneira:

Nível 1: Identidade de sobrevivência

Nesse nível, você se preocupa com as necessidades fisiológicas do seu corpo (comida, calor, abrigo e conforto) e em satisfazer suas necessidades de segurança, bem como com suas necessidades de prazer/entretenimento/sexuais. Você se preocupa apenas consigo mesmo, com sua sobrevivência e com sua capacidade de sentir prazer.

Nível 2: Identidade de relacionamento

Nesse nível, você se preocupa com as necessidades de segurança de si mesmo e das pessoas com quem tem um relacionamento próximo: seu parceiro de vida, sua família, seus parentes, sua tribo ou seus colegas de trabalho. Geralmente, são pessoas que se parecem com você, que vestem-se como você e falam sua língua. Em outras palavras, são pessoas que compartilham sua identidade étnica. Você se preocupa com seu próprio conforto, prazer e segurança, bem como com aqueles com quem interage diariamente — aqueles com quem compartilha uma herança comum (etnia) ou vínculo emocional de lealdade.

Nível 3: Identidade de autoestima

Nesse nível, você se preocupa consigo mesmo e com aqueles com quem compartilha uma fé, interesse ou opinião comum. Esses grupos podem ser múltiplos e podem variar com o tempo. Isso inclui a escola onde estudou, sua organização, sua igreja, sua religião ou sua comunidade. Outros grupos de interesse com os quais você se identifica podem incluir um partido político, uma equipe esportiva e o grupo com quem você bebe no bar ou no clube. Você pode ou não compartilhar uma identidade étnica com as pessoas que são membros desses grupos. O que você compartilha é um interesse comum.

Nível 4: Identidade de transformação

Nesse nível, você se preocupa consigo mesmo e com as pessoas com quem compartilha um conjunto de valores e com quem interage para alcançar um conjunto comum de metas — uma equipe com um objetivo específico ou uma nação praticando alguma forma de democracia eleitoral. A equipe ou o grupo pode ser composto por pessoas de diferentes etnias. O que eles compartilham é um conjunto comum de valores e as mesmas metas e objetivos.

Nível 5: Identidade de autoexpressão

Nesse nível, você se preocupa consigo mesmo e com as pessoas com quem compartilha um conjunto de valores, um senso compartilhado de missão (propósito) e um senso compartilhado do futuro que desejam criar juntos (visão) — uma equipe, uma organização, uma comunidade ou nação operando como uma democracia liberal. Nesse nível de identidade, você reconhece que seu sucesso futuro está ligado ao sucesso da equipe, grupo, comunidade, organização ou nação com a qual você se identifica. É necessário um alto nível de confiança para que isso aconteça.

Nível 6: Identidade de conexão

Nesse nível, você se preocupa consigo mesmo, com sua equipe, seu grupo, sua organização, sua comunidade ou sua nação e com os grupos externos ao seu que têm valores semelhantes, missões alinhadas e uma visão compartilhada do futuro. Você reconhece a importância de formar alianças ou parcerias estratégicas com outros grupos com ideias semelhantes para alavancar a promoção de seu propósito ou visão coletiva, aumentar sua resiliência individual e coletiva e compartilhar os benefícios decorrentes do apoio mútuo. É necessário um alto grau de empatia mútua para que isso aconteça.

Nível 7: Identidade de contribuição

Nesse nível, você está preocupado consigo mesmo, com seu grupo, com os grupos com os quais seu grupo está em parceria e com todas as outras pessoas no planeta — com toda a humanidade: pessoas de todas as raças, religiões e credos. Nesse nível, sua identidade também se expande e passa a incluir a Terra e todas as formas de vida que a habitam. Você reconhece que seu bem-estar e o bem-estar de todos no planeta dependem de um ecossistema global saudável. É necessário um alto grau de compaixão para que isso aconteça.

OS SETE NÍVEIS DE FELICIDADE

É importante reconhecer que sejam quais forem as ações que você realize em sua existência diária, você as está realizando para satisfazer uma necessidade. Pode ser uma necessidade imediata ou de longo prazo. Quando você consegue satisfazer uma necessidade, você se sente feliz. Felicidade é a sensação que você tem quando alcança estabilidade interna e equilíbrio externo nos níveis de consciência do ego — quando você é capaz de satisfazer suas necessidades básicas.

Em *A Arte da Felicidade: Um Manual para a Vida*[36], o Dalai Lama faz a seguinte declaração:

> *É claro que identificar o estado mental de uma pessoa como o principal fator para alcançar a felicidade não nega que nossas necessidades físicas básicas de comida, roupas e abrigo devam ser atendidas. Mas quando essas necessidades básicas são atendidas, a mensagem fica clara: não precisamos de mais dinheiro, não precisamos de mais sucesso ou fama, não precisamos do corpo perfeito ou do parceiro perfeito — agora, neste exato momento, temos uma mente, que é todo o equipamento básico de que precisamos para alcançar a felicidade completa.*[37]

Quando pediram para que definisse as características de uma pessoa psicologicamente saudável ou bem ajustada, ele deu a seguinte resposta:

Bem, eu consideraria saudável uma pessoa que tem o coração gentil e é bondosa. Se você cultivar um sentimento de compaixão, bondade amorosa, algo abrirá automaticamente sua porta interior. Através dessa [porta] você pode se comunicar mais facilmente com outras pessoas. E essa sensação de calor cria uma espécie de abertura. Você descobrirá que todos os seres humanos são exatamente como você, então você pode se relacionar com eles mais facilmente.[38]

Felicidade, contentamento e alegria

Seja quando estamos falando de felicidade, contentamento ou alegria, estamos sempre nos referindo a um sentimento interno. No entanto, há uma diferença importante entre felicidade e alegria. A felicidade do ego geralmente vem do mundo físico externo, ao obter o que achamos que precisamos para aliviar as ansiedades que podemos ter sobre atender nossas necessidades básicas. Por esse motivo, a felicidade geralmente dura pouco. Isso ocorre porque a felicidade é a resposta emocional que experimentamos quando as ansiedades ou medos que temos não se materializam. *A felicidade está quase sempre associada à emoção de alívio.*

Nós nos sentimos felizes quando um ente querido volta para casa são e salvo. Nos sentimos felizes quando passamos em um exame importante. Nos sentimos felizes quando conseguimos o que precisamos para nos sentirmos bem conosco. Quando essas coisas acontecem, sentimos uma sensação de alívio por estar tudo bem. A felicidade que você sente surge ao deixar de lado as ansiedades baseadas no medo que você sentia por não ter suas necessidades atendidas. Seu campo de energia libera repentinamente as vibrações de baixa frequência associadas às suas ansiedades e essa liberação energética é sentida como felicidade.

Sua felicidade desaparece rapidamente à medida que o alívio que você sente se dissipa e seu campo de energia retorna à frequência normal de vibração. Sempre que você oscila entre felicidade e tristeza regularmente, pode ter certeza de que está se apegando a algumas crenças subconscientes baseadas no medo que precisam ser liberadas. Quando somos capazes de nos libertar das crenças baseadas no medo, sentimos uma sensação de equanimidade — uma sensação de satisfação com a vida do jeito que ela é.

A alegria é diferente da felicidade. A alegria não está relacionada ao nosso ego ou aos nossos medos. A alegria é uma profunda sensação de felicidade que surge da alma quando experimentamos o alinhamento interno

— o alinhamento do ego com a alma, ou um forte senso de conexão —, uma conexão de alma com alma. Em ambas as situações, a fonte de nossa alegria é a ressonância energética.

A ressonância ocorre como resultado de um sistema de energia aumentando sua amplitude de vibração em resposta a outro sistema que está vibrando em uma frequência similar. Quando seu ego se alinha com sua alma, você experimenta ressonância (quando a frequência de vibração do campo de energia de seu ego corresponde à frequência de vibração do campo de energia de sua alma). Quando você conhece alguém que compartilha uma frequência similar de vibração, você também experimenta ressonância. Amor à primeira vista é uma experiência de ressonância, assim como a amizade instantânea.

Conforme você cresce e evolui em consciência, você se verá deixando alguns de seus amigos e se conectando com novos. Tudo isso se deve à ressonância. Você deixa de lado os amigos com os quais não se identifica mais e forma novas amizades com pessoas com as quais você se identifica — pessoas com frequências de vibração semelhantes às suas, pessoas que estão operando em um nível similar de consciência. A alegria que resulta da ressonância surge sem alarde ou aviso. Você não pode prever isso. É a reação espontânea de sua alma a um sentimento de alinhamento ou conexão.

O contentamento está associado às consequências da alegria. O contentamento surge quando a amplitude da vibração da ressonância diminui para um nível normal. A alegria se dissipa em contentamento — uma sensação de que tudo está bem com seu mundo.

À medida que você cresce e se desenvolve — aumenta sua frequência de vibração — será mais difícil encontrar amigos com quem você possa se relacionar. Isso pode levar a sentimentos de isolamento e solidão. Quanto mais alto você for na materialização de sua consciência pessoal, menos pessoas que estão operando na sua frequência de vibração você encontrará.

Quando isso acontece, o que você deve perceber é que todo mundo que você encontra é uma alma que está tendo uma experiência humana e que, em algum nível, toda alma se sente solitária no mundo físico tridimensional. Somos todas almas tentando viver uma vida no estranho mundo da percepção tridimensional. Nossas almas se sentem solitárias porque não estão mais experimentando a sensação de conexão e amor que sentem na quarta dimensão da consciência.

Então, entre em contato e conecte-se com quem estiver com você. Descubra o que está vivo nas pessoas que você encontra — o que está acontecendo com elas, suas esperanças e seus medos. Conecte-se com elas, com o nível onde estão e, na medida do possível, ofereça palavras de simpatia ou incentivo.

Os sete níveis de felicidade humana que correspondem aos sete níveis da consciência humana e aos três estágios universais da evolução são mostrados na tabela a seguir.

Estágios da evolução	Níveis de consciência		Causa da felicidade/alegria
COESÃO EXTERNA **Cooperar com outras pessoas para o bem da humanidade**	7	Contribuição	*Levar uma vida de serviço altruísta.*
	6	Conexão	*Realizar seu senso de propósito colaborando com outras pessoas para fazer a diferença no mundo.*
COESÃO INTERNA **Vincular seu ego à sua alma para abraçar seu eu autêntico.**	5	Autoexpressão	*Descobrir seu eu autêntico e encontrar um senso de significado em sua vida que seja maior e mais amplo do que atender às suas próprias necessidades.*
	4	Transformação	*Experimentar uma sensação de liberdade e autonomia e enfrentar situações desafiadoras.*
DOMÍNIO PESSOAL **Tornar-se um indivíduo viável e independente**	3	Autoestima	*Sentir-se reconhecido e validado por aqueles que você respeita.*
	2	Relacionamentos	*Sentir-se aceito, querido e nutrido por sua família, amigos ou colegas.*
	1	Sobrevivência	*Sentir-se seguro e protegido e ser capaz de atender às suas necessidades fisiológicas.*

Sete níveis de felicidade humana

Podemos resumir os sete níveis de felicidade humana, da seguinte maneira:

Nível 1: Sobrevivência

Se você estiver operando no nível de consciência de sobrevivência, você se sentirá feliz se for capaz de satisfazer: a) as necessidades e desejos do corpo — comida, bebida, sexo e estar livre da dor; e b) as necessidades do ego — de se sentir seguro e protegido por ter dinheiro ou proteção suficientes.

Nível 2: Relacionamento

Se você estiver operando no nível de consciência do relacionamento, você se sentirá feliz se for capaz de satisfazer suas necessidades e desejos por amor e pertencimento — quando tiver fortes amizades ou conexões familiares.

Nível 3: Autoestima

Se você estiver operando no nível de consciência da autoestima, você se sentirá feliz se for capaz de satisfazer suas necessidades e desejos de autoestima — quando se sentir respeitado ou reconhecido por pessoas com autoridade ou por seus colegas.

Nível 4: Transformação

Se você estiver operando no nível de consciência da transformação, você pode sentir felicidade ou alegria se for capaz de satisfazer sua necessidade de liberdade e autonomia e tiver situações e experiências relacionadas ao trabalho/vida que desafiem sua mente, permitindo que você cresça e aprenda continuamente.

Nível 5: Autoexpressão

Se você estiver operando no nível de consciência da autoexpressão, você sentirá alegria se for capaz de satisfazer a necessidade de significado e propósito de sua alma e encontrar um caminho para sua criatividade e paixão que lhe permita passar uma quantidade significativa de tempo dando seu presente único ao mundo.

Nível 6: Conexão

Se você estiver operando no nível de consciência da conexão, sentirá alegria se for capaz de satisfazer a necessidade de sua alma de realizar seu senso de propósito, dando uma contribuição positiva ao mundo ao seu redor e envolvendo-se em conexões empáticas com outras pessoas de forma colaborativa.

Nível 7: Contribuição

Se você estiver operando no nível de consciência da contribuição, você sentirá alegria se for capaz de satisfazer a necessidade de sua alma de servir aos outros e ao mundo diariamente.

O nível de felicidade/alegria que você pode vivenciar depende do estado de evolução de sua consciência pessoal. Quanto mais você crescer e evoluir na consciência, maior será o seu potencial para experimentar a realização plena. A realização plena surge quando você consegue dominar a satisfação de suas necessidades básicas e de crescimento — quando seu ego está alinhado com sua alma e sua alma está cumprindo seu propósito ao levar uma vida dirigida por valores e propósitos em nossa realidade física tridimensional.

Você pode medir aproximadamente onde está na evolução de sua consciência consultando as três tabelas deste capítulo e marcando o nível de consciência que melhor se compara à sua vida e experiências atuais.

RESUMO

Aqui estão os pontos principais deste capítulo:

1. Nós crescemos e nos desenvolvemos aprendendo a satisfazer as necessidades do nosso ego e da nossa alma.
2. Todas as nossas motivações são provenientes desses dois conjuntos de necessidades.
3. Ficamos ansiosos e com medo quando não conseguimos atender às necessidades básicas do nosso ego.
4. Sentimos uma sensação de comprometimento e entusiasmo quando somos capazes de atender às necessidades de nossa alma.
5. As necessidades do nosso ego e da nossa alma podem ser representadas por sete níveis de motivação/consciência: sobrevivência, relacionamento, autoestima, transformação, autoexpressão, conexão e contribuição.
6. Sentimos uma profunda sensação de realização pessoal quando somos capazes de atender a todas as nossas necessidades.
7. Existem sete níveis de identidade e sete níveis de felicidade que correspondem aos sete níveis de consciência.
8. Você pode medir onde está na evolução de sua consciência pessoal consultando as tabelas deste capítulo.

Parte Dois

Vivendo a vida da sua alma

O objetivo dos capítulos seguintes é fornecer algumas abordagens, estratégias e insights para viver a partir da consciência da alma. Dividi essas estratégias em quatro estágios: conectar-se com sua alma, fazer amizade com sua alma, confiar em sua alma, e tornar-se um com sua s. Cada estágio aproxima você de viver a vida de sua alma. Antes de explorar os detalhes de cada estágio dessa jornada, o capítulo a seguir descreve algumas das dinâmicas de energia ego-alma que você pode sentir durante a jornada.

9

Dinâmica Ego-Alma

Quase tudo o que está acontecendo em seu mundo relacionado à sua saúde emocional ou física está de alguma forma conectado à dinâmica ego-alma — a interação das energias positivas e negativas em seu campo de energia e o grau de alinhamento do seu ego com sua alma.

Mesmo que você não esteja ciente disso, sua alma escolheu especificamente *seu* corpo para tomar forma no mundo físico. Quem você é (sua singularidade e seus talentos,) e a pessoa em que você pode se tornar (seu potencial) é um reflexo de quem você é como alma. Este é o seu eu (self) único. Não há mais ninguém no mundo que seja exatamente como você. Você é um presente para o mundo. Pode não parecer quando você está de mau humor, deprimido ou chateado, mas cada alma no planeta tem um propósito ao encarnar que, de alguma forma, apoia a evolução da consciência humana. Seu trabalho é descobrir qual é o propósito da sua alma.

Quando sua alma tomou posse de seu corpo físico, projetando-se do mundo quadridimensional da energia para o mundo tridimensional da massa, ela imbuiu cada átomo e célula do seu corpo com consciência e vontade de sobreviver.

A consciência de seus átomos e células está contida em sua mente-corpo. O propósito de sua mente-corpo é apoiar o desejo de sua alma de estar presente no mundo físico tridimensional da matéria, mantendo a estabilidade interna de seu campo etérico — o invólucro de energia que envolve e penetra seu corpo. Cada átomo e célula do seu corpo está totalmente focado em mantê-lo funcionando. Essa é a razão fundamental pela qual os átomos e as células são conscientes — ambos têm percepção e têm um propósito, e esse propósito é mantê-lo vivo.

Depois de tomar posse de seu corpo, sua alma criou seu próprio centro pessoal de percepção (do mundo físico tridimensional). Isso é chamado de mente-ego. A mente-ego está contida em seu campo emocional. A mente-ego está imbuída da mesma vontade de sobreviver que a mente-corpo. Como ambos têm a mesma intenção, sua mente-ego trabalha junto com sua mente-corpo para apoiar sua alma na presença em uma forma física tridimensional.

Há uma forte ligação entre sua mente-corpo e sua mente-ego porque seu campo etérico está contido em seu campo emocional. Assim, as mudanças ou movimentos de energia que são experimentados no campo de energia de sua mente-ego (emoções) também são sentidos na mente-corpo. Da mesma forma, as mudanças ou movimentos de energia que são experimentados no campo de energia de sua mente-corpo também são sentidos em sua mente-ego. Enquanto sua mente-corpo está focada em manter o corpo funcionando (estabilidade interna), sua mente-ego está focada em manter seu corpo seguro e protegido de danos (equilíbrio externo).

O FOCO DO EGO

A primeira coisa que seu centro pessoal de percepção consciente (mente-ego) aprendeu sobre como permanecer vivo foi que ele deve cuidar das necessidades fisiológicas do corpo. O corpo precisa de comida, água, exercícios, calor e abrigo. Seu ego sabe que sua tarefa é garantir que isso aconteça.

A coisa seguinte que sua mente-ego aprendeu foi que, por depender de outras pessoas para sua segurança e proteção, era importante pertencer a um grupo. Para pertencer a um grupo, ela tinha que ser aceita e amada pelos membros do grupo. Conforme os anos passaram, seu ego aprendeu que sua sobrevivência poderia ser significativamente melhorada se você ganhasse o respeito de seus colegas: você seria menos propenso a intimidação e ataques se fosse temido ou admirado.

Portanto, seu ego desenvolveu três estratégias para sobreviver: obter recursos suficientes (dinheiro, território ou alguma outra forma de segurança física) para atender às suas necessidades fisiológicas (sobrevivência); obter amor suficiente dos membros da família e de outras pessoas para satisfazer suas necessidades de pertencimento (relacionamento); e obter respeito suficiente de seus colegas para atender às suas necessidades de poder, autoridade ou status (autoestima).

Você encontrará uma história social do desenvolvimento do ego humano por esses diferentes estágios evolutivos em meu livro *Love, Fear and the Destiny of Nations: The Impact of the Evolution of Consciousness on World Affairs* (Em tradução livre: *Amor, Medo e o Destino das Nações: O Impacto da Evolução da Consciência nos Assuntos Mundiais*).

Quando a mente/cérebro reptiliano ou a mente-ego sentem uma ameaça potencial ao funcionamento do corpo (estabilidade interna) ou à sobrevivência do corpo (equilíbrio externo), sentem medo. O medo que eles experimentam faz com que a mente-corpo ou a mente-ego reajam de uma maneira que visa a reduzir ou eliminar a ameaça que causou o medo. O cérebro reptiliano, que está ligado à mente-corpo, imediatamente entra no modo de lutar ou fugir. O cérebro límbico, que está ligado à mente-ego, tem mais nuances na forma como responde a situações de ameaça: ou ele reage de maneira semelhante ao cérebro reptiliano, ou responde de uma forma que acredita que lhe permitirá atender às necessidades latentes em sua mente naquele momento. Ele usa a lógica do campo mental e sua inteligência emocional para descobrir a resposta que melhor o ajuda a atender às suas necessidades.

Assim, se alguém de quem você depende para obter sua renda, amor ou autoestima o ameaçar fisicamente, você responderá de uma forma que mitigue a ameaça e que também permita que você continue atendendo às suas necessidades de renda, amor ou autoestima. Sua estratégia de sobrevivência será diferenciada pelas necessidades do seu ego. Isso pode causar ansiedade a longo prazo se você não conseguir se livrar da dependência que tem da pessoa que o está ameaçando. Você se tornará hipervigilante, procurando constantemente ameaças em potencial quando essa pessoa estiver perto de você. Crianças e mulheres são especialmente vulneráveis a tais situações: elas podem ser significativamente traumatizadas, às vezes pelo resto de suas vidas, por um pai abusivo, membro da família ou qualquer adulto em posição de autoridade, como um professor ou padre.

O que é medo?

A maioria dos especialistas define o medo como uma resposta emocional instintiva a uma ameaça ou perigo que pode comprometer a vontade do corpo de permanecer vivo ou comprometer o ego em satisfazer seus desejos, anseios ou necessidades. Isso pode fornecer uma explicação boa o suficiente se você estiver operando no mundo físico tridimensional. Mas, o que é medo no mundo energético quadridimensional dos campos de energia? Qual é a dinâmica energética que causa medo?

Tentarei responder a essa pergunta difícil. Do ponto de vista da mente-corpo, o medo é invocado quando os mecanismos sensoriais do corpo encontram uma situação que a mente-corpo acredita que comprometeria a vida do corpo e, assim, evitaria que a alma estivesse presente na realidade tridimensional. Do ponto de vista da mente-ego, o medo é invocado quando os mecanismos sensoriais da mente-ego encontram uma situação que o ego acredita que impediria que suas necessidades de deficiência fossem atendidas. Em outras palavras, o medo surge em uma entidade quando a possibilidade do que é esperado, ansiado ou desejado pela entidade encontra repentinamente o que a entidade acredita ser um obstáculo para a realização daquilo que ela espera.

A esperança é uma energia positiva que representa um estado de ser desejado ou mais desejável do que o que está sendo experimentado no momento. Quando uma entidade de repente encontra um obstáculo para alcançar o estado de ser desejado, a energia positiva se dissipa e a energia negativa toma seu lugar. A experiência dessa mudança repentina da energia positiva (vibração de alta frequência) para a energia negativa (vibração de baixa frequência) é, acredito eu, o que chamamos de emoção do medo. O medo surge quando a possibilidade do que é esperado ou desejado parece estar comprometida. Para sentir medo, é preciso que uma quantidade considerável de energia tenha sido investida no que se espera. Se houver apenas uma pequena quantidade de energia investida no que se espera, não sentimos medo, mas sentimos decepção.

O que essa explicação me diz é que a quantidade de energia que a alma infunde no corpo por sua vontade de estar presente na terceira dimensão da realidade deve ser enorme, porque tanto a mente-corpo quanto a mente-ego investem significativamente na esperança de permanecerem vivas. Elas lutarão para sobreviver com todas as suas forças.

O que é ansiedade?

A ansiedade, assim como o medo, também tem uma baixa frequência de vibração. A ansiedade é um estado semipermanente de baixo nível de medo que ocorre quando a mente-ego tem medo de não ser capaz de lidar com o estresse envolvido no atendimento de suas necessidades básicas. Isso cria um desequilíbrio energético no campo de energia humano porque a energia da mente-alma baseada no amor é comprometida pela energia baseada no medo da mente-ego. O desequilíbrio energético da ansiedade é experimentado no corpo como uma sensação de mal-estar, estresse ou pavor. Quando esses sentimentos são experimentados por longos períodos, eles diminuem a frequência geral de vibração do seu campo de energia. As energias do ego baseadas no medo que desgastam a vida superam as energias da alma baseadas no amor que melhoram a vida, tornando mais difícil para a mente-corpo, a mente-ego e a mente-alma permanecerem em alinhamento energético. A consequência desse desalinhamento é a doença física e mental.

As potenciais ameaças e ansiedades sobre atender às nossas necessidades não são os únicos fatores que criam desequilíbrios energéticos. Sempre que o ego se comporta ou age de uma maneira que não está alinhada com os valores da alma baseados no amor — em outras palavras, quando ele reage ou responde a uma situação com comportamentos baseados no medo — você experimentará sentimentos como culpa ou vergonha em seu campo de energia. Os sentimentos negativos que você experimenta estão ligados à falta de alinhamento energético entre o ego e a alma. Culpa e vergonha são sentimentos que surgem da falta de alinhamento entre as vibrações do ego baseadas no medo e as vibrações da alma baseadas no amor.

Várias formas de depressão também estão ligadas à dinâmica da energia ego-alma. Por exemplo, caso já tenha descoberto o propósito de sua alma (aquilo que lhe desperta paixão e que você deseja manifestar no mundo) mas ainda tem medo de se comprometer com esse trabalho por motivos pessoais ou financeiros relacionados ao atendimento das necessidades de deficiência do seu ego, você experimentará depressão. Nesse sentido, podemos dizer que a depressão é uma expressão da tristeza de sua alma por não conseguir atingir seu objetivo. Também podemos sentir essa tristeza (depressão) quando os medos fazem com que ocorram separações nos importantes relacionamentos de alma em sua vida.

O FOCO DA ALMA

Você completou a primeira etapa preliminar na ativação de sua alma uma vez que tenha aprendido a dominar suas necessidades de sobrevivência, relacionamento e autoestima na estrutura física e cultural de sua existência, de maneira honesta, aberta, justa e transparente — vivendo uma vida autêntica, com integridade e sem medo. Você se tornou uma entidade viável vivendo em sua estrutura física e cultural de existência.

O que a alma agora exige de você, uma vez que você se torne *viável* em sua estrutura física e cultural de existência, é que você se torne energeticamente *independente* de sua estrutura de existência. Somente quando seu ego é viável *e* independente ele pode assumir totalmente a identidade da alma e comprometer-se com o propósito da alma de viver uma vida dirigida por valores e propósitos no mundo físico tridimensional.

O que sua alma está pedindo que você faça é mudar seu conceito sobre quem você é de uma entidade física tridimensional para uma entidade energética quadridimensional. Você está sendo chamado essencialmente para se identificar como uma alma — não como marido, esposa, mãe, pai, branco ou negro, britânico ou americano, cristão ou muçulmano — mas como uma alma pertencente ao universo de almas disfarçadas de seres humanos aqui na Terra.

Essa mudança de identidade é importante porque nossas crenças, particularmente quando estão ligadas à nossa identidade física, cultural ou religiosa, sempre nos separarão de outras pessoas: as crenças ressaltam o que é diferente entre as pessoas, enquanto os valores unem a todos.

Quando você se identifica como uma alma ao abraçar os valores que são comuns a todas as almas, você está se identificando com a humanidade. Não há mais separação entre você e todas as outras pessoas que você conhece. Somos todos almas, trabalhando essencialmente no mesmo projeto: a evolução da consciência humana na realidade tridimensional. A única diferença entre nós é que todos temos contribuições diferentes a fazer: todos temos peças diferentes do quebra-cabeça. Sua peça do quebra-cabeça é o presente que sua alma veio dar. Minha peça do quebra-cabeça é o presente que minha alma veio dar.

A peça do quebra-cabeça que você está segurando pode ser “pequena” ou “grande” — pode afetar outra pessoa ou pode afetar milhões de pessoas. Não importa qual peça você tenha, apenas importa que você crie uma vida para si mesmo que lhe permita dar seu presente.

Sua capacidade de dar seu presente (implementar o propósito de sua alma) depende do progresso que você faz na evolução de sua consciência pessoal — domínio pessoal, coesão interna e coesão externa —; em outras palavras, do progresso que você faz ao aprender a viver uma vida dirigida por valores.

Frequentemente encontro pessoas que estão procurando o propósito de sua alma ou já o encontraram, mas são incapazes de causar o impacto que desejam no mundo. Elas não conseguem encontrar sua satisfação plena.

Acredito que, em ambos os casos, a questão não é o desejo. É não ser capaz de se concentrar na evolução da consciência pessoal. Posso garantir que você enfrentará contratempos ao dar seu presente se não tiver aprendido primeiro como levar uma vida dirigida por valores. Você deve dominar todas as etapas do seu desenvolvimento pessoal se quiser ser realmente bem-sucedido em viver uma vida guiada por propósitos. Você deve se tornar um mestre da conexão e da cooperação para servir à sua alma. Você deve desenvolver suas habilidades de inteligência emocional e social ao máximo de sua potência.

A vida dirigida por valores não apenas o prepara para dar seu presente, ela naturalmente o leva ao seu dom. Leva você à conexão com a alma. A vida dirigida por valores oferece as habilidades energéticas necessárias para manifestar sua parte do quebra-cabeça em nossa realidade física tridimensional. Você precisa se tornar viável (exercer domínio pessoal sobre os três primeiros níveis de consciência) antes de se tornar independente (se preparar para se tornar uma alma) e se autoatualizar (alinhar seu ego com sua alma). Isso significa aprender a viver os valores que fazem de você um indivíduo autêntico: liberdade, igualdade, responsabilidade, justiça, abertura, transparência e confiança. Quando você for capaz de abraçar e viver totalmente esses valores, estará operando com honestidade e integridade. Quando as pessoas virem você operando dessa maneira, elas irão querer colaborar com você.

Isso é importante porque, embora cada um de nós tenha uma peça do quebra-cabeça, não podemos encaixar nossas peças de forma eficaz no mundo até aprendermos a colaborar com as pessoas que têm as peças do quebra-cabeça que se encaixam às nossas. Não precisamos apenas da conexão de confiança para trabalhar com essas pessoas (nível 5 de consciência), precisamos da conexão de empatia para cooperar com elas (nível 6 de consciência), e, também, precisamos da conexão de compaixão (nível 7 de consciência) para levar nossas peças coletivas do quebra-cabeça às pessoas a que queremos servir.

Eu tinha um amigo específico, uma das pessoas mais instruídas que já conheci, que conhecia o propósito de sua alma e estava tão desejoso de vivê-lo que se concentrou em seu propósito em todos os momentos de sua vida. O problema que ele tinha era que não conseguia separar seu ego de seu propósito. Ele usou seu enorme intelecto para impressionar as pessoas com seu grande propósito. Consequentemente, era difícil conversar com ele porque não importava do que você falasse, ele sempre sabia mais. Ele não estava tentando fazer você se sentir inferior ou ser arrogante, ele estava apenas cheio de si mesmo. Eu sempre saía das conversas com ele sentindo que não tinha nada a contribuir. Mesmo quando ele se convencia de que você tinha uma peça do quebra-cabeça que ele valorizava e era complementar à dele, ele sumia e não dava notícias por meses ou às vezes anos.

Apesar dessa limitação em relacionamentos, todos queriam que ele fosse bem-sucedido, porque em todos os outros aspectos ele era uma pessoa calorosa e simpática, e embarcou em uma missão que, sem dúvida, traria grandes benefícios à humanidade. Pouco depois de completar cinquenta anos, ele encontrou um grupo de pessoas que poderiam ajudá-lo a manifestar seu sonho se trabalhassem juntos. Ele estava muito feliz e todos nós estávamos felizes por ele.

Nesse momento, ele morreu de ataque cardíaco. Acredito que sua alma se afastou de seu corpo físico porque ele não conseguia estabelecer conexões de coração — ele teve um "ataque cardíaco". Sua morte não foi por conta de sua falha em se concentrar em seu propósito, mas por conta de sua falha em se concentrar em seu desenvolvimento. Houve uma desconexão energética entre seu ego e sua alma que o impediu de manter seu coração aberto. Aqueles de nós que o conheciam e o amavam ficaram chocados quando ele morreu. Sentimos muito a falta dele.

Minha melhor lembrança desse amigo foi um fim de semana que passamos juntos discutindo a evolução da consciência humana. Estávamos tão em sintonia um com o outro que senti que só havia um de nós presente. Era como se nossas almas tivessem se fundido em uma única entidade. Eu nunca vou esquecer aquele fim de semana.

Também conheci pessoas que foram ineficazes em cumprir seu propósito porque seus egos estavam muito apegados ao seu desenvolvimento espiritual (pessoal). Sua autoestima ficou tão envolvida em seu crescimento espiritual que eles não conseguiam falar sobre nada mais. Essa necessidade de impressionar ou ser superior, não importa em qual área de sua vida apareça, impede que você faça conexões genuínas e, consequentemente, inibe você de manifestar seu dom com sucesso. Se você sente a necessidade de impressionar as pessoas, seu ego ainda está tentando trabalhar com a crença subconsciente de que não é bom o suficiente. Quando você sabe quem você realmente é, não precisa impressionar ninguém.

Uma palavra final para aquelas pessoas que têm a intenção de encontrar o propósito de sua alma, mas sentem que, mesmo depois de anos de busca, não tiveram sucesso. Minha palavra é esta: considere por um momento que o propósito de sua alma pode ser você aprender a levar uma vida dirigida por valores. Em outras palavras, o que sua alma quer que você trabalhe nesta vida é sua capacidade de se conectar com as pessoas em um nível profundo. Acredito que esse seja o propósito da maioria das pessoas que estão vivas no planeta neste momento. Digo isso porque: a) levar uma vida dirigida por valores é um pré-requisito essencial para se levar uma vida dirigida por propósitos; e b) quando observo a evolução geral da consciência no planeta, a grande maioria das pessoas vive em nações sob alguma forma de governo autoritário. Apenas vinte e seis nações atingiram um nível de consciência em que podem operar efetivamente como democracias.[39] Em outras palavras, há muito poucas nações em que as pessoas chegaram a um acordo coletivo para levar uma vida dirigida por valores.[40]

Acredito que todos em nossa realidade física tridimensional estão aqui para aprender como levar uma vida dirigida por valores ou uma vida dirigida por propósitos, ou ambos. Não importa quem você seja — príncipe ou plebeu, rico ou pobre, homem ou mulher, jovem ou velho — todos são um aspecto individuado do mesmo campo de energia universal. Quando você entende isso, você entende o verdadeiro significado da igualdade. Você também entende que o que importa na vida não é vencer, mas fazer o que puder para apoiar ou ajudar outras pessoas a crescerem e se desenvolverem.

O árbitro definitivo que dita onde você está em sua jornada para a consciência da alma é a qualidade das conexões que você tem com outras pessoas. Não apenas com sua família, amigos e conhecidos, mas com os desconhecidos que o atendem em restaurantes, aqueles que consertam seus encanamentos e sapatos, aqueles que arrumam sua casa e entregam suas compras e aqueles que o dirigem em táxis e lhe vendem ingressos na bilheteria de cinema.

Cada pessoa que você encontra é uma alma que está trabalhando no mesmo projeto em que você está trabalhando: cada pessoa que você conhece é uma alma fazendo o melhor que pode para promover a evolução da consciência humana. Alegre-se com sua herança comum e com seu propósito comum conectando-se a elas onde quer que esteja e sempre que puder.

Diga olá a todos que você encontra, seja gentil e amável em suas interações e apoie e conforte as pessoas em seus momentos de necessidade. Quando você perceber quem você é, compreenderá que, ao cuidar dos outros, você está cuidando de si mesmo.

Algumas almas escolheram jornadas de vida difíceis. Pela força das circunstâncias, elas desenvolveram egos que são movidos pelo medo e significativamente contrários à direção que a consciência humana está tomando — esses são os abusadores de crianças, os traficantes de drogas e pessoas, os terroristas e outros matadores ou assassinos que estão tendo extrema dificuldade em se conectar com suas almas. Eles se envolveram tanto na tentativa de atender às necessidades de deficiência de seu ego que perderam todas as conexões com suas almas. Eles têm necessidades importantíssimas que não foram atendidas e são profundamente influenciados por seus medos.

Por último, deixe-me repetir: é mais importante aprender a viver uma vida dirigida por valores do que uma vida dirigida por propósitos, porque o nível de consciência que você alcança em sua vida dirigida por valores terá um impacto direto em sua capacidade de ter sucesso em viver uma vida dirigida por propósitos. A conexão genuína com os outros por meio de confiança, empatia e compaixão é como você potencializa o propósito de sua alma no mundo.

RESUMO

Aqui estão os pontos principais deste capítulo:

1. Tudo o que está acontecendo em seu mundo relacionado à sua saúde emocional ou física está de alguma forma conectado à sua dinâmica ego-alma.
2. A energia do medo associada ao seu ego tem uma carga negativa — baixa frequência de vibração.
3. A energia do amor associada à sua alma tem uma carga positiva — alta frequência de vibração.
4. Você precisa se tornar um indivíduo viável e independente para atender plenamente às necessidades de sua alma.

5. Levar uma vida dirigida por valores é um pré-requisito necessário para viver uma vida dirigida por propósitos bem-sucedida.
6. O árbitro definitivo que dita onde você está na jornada de sua alma na realidade física é a qualidade das conexões que você tem com as pessoas.

Com essa compreensão da dinâmica ego-alma, agora estamos prontos para explorar técnicas e estratégias para nos conectarmos com a alma, nos unirmos à alma, confiarmos nela e nos tornarmos um com ela.

10

Conectando-se com sua alma

Existem muitas técnicas que você pode usar para se conectar com sua alma, mas as duas mais conhecidas e usadas com frequência são meditação e atenção plena. A prática frequente de ambas as técnicas pode abrir um canal de comunicação entre seu ego (seu centro de percepção consciente no mundo físico tridimensional) e sua alma (seu centro de percepção consciente no mundo energético quadridimensional).

MEDITAÇÃO

A meditação já foi considerada uma prática puramente espiritual usada nas filosofias religiosas orientais como um meio de alcançar a iluminação. Atualmente, é usada em hospitais e clínicas em todo o mundo para ajudar os pacientes a reduzirem a ansiedade, o estresse, a pressão arterial, a dor e os comportamentos viciantes. Um dos pioneiros na aplicação da meditação à saúde no Ocidente é o professor Herbert Benson. Benson é cardiologista americano e fundador do Instituto Médico Mente/Corpo do Hospital Geral de Massachusetts, em Boston. Benson foi um dos primeiros médicos ocidentais a reconhecer que a mente e o corpo são um só sistema. Em seu livro intitulado *A Resposta do Relaxamento*, publicado pela primeira vez em 1975, ele declara com sua coautora, Miriam Z. Klipper, "Não reivindicamos nenhuma inovação, mas simplesmente uma validação científica de uma sabedoria milenar". A resposta de relaxamento de Benson é baseada na Meditação Transcendental.

Benson recomenda um procedimento simples de[41] meditação em quatro etapas, em que o sujeito primeiro adota uma postura relaxada e depois se concentra em uma imagem, som, chama de vela, mantra (uma palavra, fórmula ou frase repetida) ou em sua própria respiração. A percepção unidirecionada resultante, combinada com o relaxamento, cria uma redução mensurável na atividade de pensamento e processamento da mente-ego, abrindo assim um canal de percepção da consciência para a mente-alma.

Em seu estado normal desperto, a frequência de vibração do cérebro, medida por um eletroencefalograma (EEG), geralmente é em torno de 14 a 30 Hz. Isso é conhecido como estado beta. Durante a meditação, a frequência da vibração cai para 4 a 8 Hz. Isso é conhecido como estado teta e é o nível mais profundo de percepção consciente que você pode alcançar sem adormecer. Quando você está dormindo ou em um estado inconsciente, a frequência de vibração do seu cérebro cai para 0,5 a 4 Hz. Isso é conhecido como estado delta.

Atualmente, há uma quantidade significativa de pesquisas que mostram que o cérebro está constantemente mudando de forma: ele responde ao conteúdo de sua mente construindo conexões neurológicas. Por exemplo, quando você pratica meditação ou outras práticas contemplativas, seu cérebro realmente muda — você constrói sinapses, redes sinápticas e camadas de capilares. Usando exames de ressonância magnética, os pesquisadores descobriram que isso torna o cérebro mais espesso em duas áreas: o córtex pré-frontal, que envolve o controle da atenção, e a ínsula, que rastreia o estado interior do corpo e os sentimentos de outras pessoas (a fonte da empatia). Assim, um dos impactos da meditação ou de qualquer forma de prática de atenção plena é que ela ajuda a pessoa a se tornar mais autoconsciente *e* conectada aos outros.[42]

Além disso, tudo aquilo em que sua mente se concentra — o conteúdo de seus pensamentos — tende a ser o que aparece em sua vida. Se você se concentrar no medo, na separação e na escassez, é isso que você encontrará em seu mundo. Se você se concentrar no amor, na conexão e na abundância, é isso que você encontrará em seu mundo. Essas também serão as experiências que você atrairá. Isso ocorre porque no mundo energético quântico, onde sua mente existe, você vive em um mundo de potencialidades. As potencialidades que você atrai para sua vida e as experiências que você tem estão diretamente relacionadas ao conteúdo de sua consciência — seus pensamentos e crenças. A forma segue o pensamento.

Portanto, quando você tem ansiedades não resolvidas e medos subconscientes ou conscientes sobre atender as necessidades do seu ego, as coisas que você atrairá para sua vida serão as coisas que você teme. Quando você teme que seu cônjuge ou alguém com quem você se relaciona o deixe, esse é o resultado que você atrairá. Quando você tem medo de não conseguir encontrar a felicidade, esse é o resultado que você atrairá. Quaisquer pensamentos ou crenças aos quais você dê energia em sua mente subconsciente ou consciente é o que aparece em sua vida.

É por isso que a meditação é tão útil: ajuda a limpar o conteúdo da mente e ensina a não dar energia aos pensamentos. Sem energia, seus pensamentos e crenças perdem o poder sobre você — eles não são mais capazes de se manifestar. Depois de entender o quão poderosas são suas crenças e pensamentos na criação da realidade que você vivência, você pode começar a usá-las para lhe ajudar a levar uma vida dirigida por valores e propósitos.

Há muitos anos, desenvolvi um protocolo de diálogo usando visualização, para ajudar grupos de indivíduos a se encontrarem e conversarem com suas almas. As pessoas frequentemente saíam dessas sessões com novos insights sobre suas vidas e um verdadeiro senso de conexão com suas almas. Nem todo mundo que participou dessas sessões conseguiu estabelecer uma conexão com sua alma. Primeiro, você tem que acreditar que tem uma alma. Segundo, você tem que desejar sinceramente conhecer sua alma. E, em terceiro lugar, você tem que praticar a conexão com ela. Você precisa querer genuinamente abrir um canal de comunicação com sua alma.

ATENÇÃO PLENA (MINDFULNESS)

A atenção plena é muito semelhante à meditação, pois permite que você encontre um centro de percepção em sua mente onde pode observar os pensamentos e sentimentos gerados pela mente-ego, como se estivessem passando por uma tela. Você pode vê-los passar sem atribuir nenhuma energia a eles. Se você atribuir energia a eles, você se verá saindo da atenção plena para um fluxo constante de pensamentos. Quando você perceber que isso está acontecendo, simplesmente volte a observar seus pensamentos.

Acredito que esse centro de percepção em que você é capaz de observar seus pensamentos (esteja você envolvido em meditação ou atenção plena) é sua mente-alma. Quando você entra no centro da percepção de sua mente-alma, você é capaz de se tornar seu próprio observador (observador da mente-ego). É um lugar de puro ser que existe na essência de quem você é.

Enquanto a meditação envolve a adoção de uma postura relaxada e, em seguida, a passagem para um estado teta de atividade cerebral, a atenção plena pode ser praticada a qualquer momento do dia em qualquer situação.

Você simplesmente precisa estar calmo o suficiente para se interiorizar e mudar seu centro de percepção da mente-ego para a mente-alma. Isso não é possível se você estiver no meio de uma reação emocional, porque seu campo mental fará um esforço extra para processar pensamentos negativos. Você precisa esperar até se acalmar antes de usar a técnica de a tenção plena.

Na minha opinião, o verdadeiro propósito da atenção plena é apoiar sua busca pelo domínio pessoal. Em *O Novo Paradigma da Liderança*, descrevo o domínio pessoal da seguinte forma: "*A capacidade de uma pessoa de manter sua estabilidade interna no nível de existência do ego*".

Você alcança o domínio pessoal quando é capaz de gerenciar com sucesso suas emoções (manter seus campos etérico e emocional em um estado de equilíbrio interno) e aprende a como se tornar viável e independente em sua estrutura de existência — não dependente de outras pessoas para suas necessidades de sobrevivência, relacionamento e autoestima.

Para se tornar proficiente em domínio pessoal, você precisa perceber que ninguém ou nenhuma situação pode incomodá-lo. É você quem sempre se incomoda. Quaisquer emoções que você esteja sentindo são impulsionadas pelos instintos de sua mente-corpo ou pelas crenças de sua mente-ego. Cada surto de impaciência, frustração, raiva ou fúria é gerado apenas por você mesmo, geralmente de forma subconsciente. As situações, ações ou palavras de outras pessoas são simplesmente os gatilhos que o lembram de seus medos conscientes ou se conectam com seus medos subconscientes e fazem com que você projete o veneno de suas cicatrizes emocionais não resolvidas no mundo ou siga alimentando sua irritação, ficando cada vez mais mal-humorado e desconectado. Se você quiser parar de se comportar dessa maneira, precisa assumir suas reações e responsabilizar-se por cada emoção, sentimento e pensamento que tem.

Em *O Novo Paradigma da Liderança*, sugeri um processo de oito etapas para gerenciar ou dominar seus medos conscientes ou subconscientes. O segundo passo, depois de permitir que suas emoções se dissipem, é acionar sua auto-observação. Em outras palavras, envolva-se no processo de atenção plena entrando na consciência da alma.

Você pode experimentar muitos níveis diferentes de perturbação. Todos eles envolvem emoções. Em todos os casos, você está lidando com um desequilíbrio energético entre o ego e a alma que está comprometendo sua estabilidade interna e, portanto, sua capacidade de ser feliz. Você está permitindo que o medo, em vez do amor, domine suas motivações. Os diferentes níveis de perturbações que você pode sentir incluem resistência, ansiedade, impaciência, frustração, raiva e fúria.

Etapa	Ação	Explicação
Etapa 1	Libere suas emoções	Se você perceber alguma mágoa ou energia emocional reprimida, primeiro permita que ela se dissipe.
Etapa 2	Acione sua auto-observação	Suba para a plateia e observe o que está acontecendo contigo na pista de dança da sua vida.
Etapa 3	Identifique seus sentimentos	Nomeie seus sentimentos, descreva-os para si mesmo em detalhes e anote-os.
Etapa 4	Identifique seus pensamentos	Observe o que você está pensando e os julgamentos que está fazendo e os anote.
Etapa 5	Identifique seus medos	Quais são os medos que estão por trás de seus pensamentos? O que você teme que possa acontecer? Anote seus medos.
Etapa 6	Identifique suas necessidades	Quais necessidades você tem que não estão sendo atendidas? Essas necessidades não atendidas são a fonte de seus medos. Anote suas necessidades.
Etapa 7	Identifique suas crenças	Desenvolva declarações de crenças sobre: a) o que você acha que está faltando e b) o que você acha que precisa.
Etapa 8	Questione seus pensamentos/ crenças	Diferencie sua percepção do que está acontecendo e o que está realmente acontecendo. Pergunte a si mesmo: essas crenças são realmente verdadeiras? Talvez você queira verificar a realidade perguntando a opinião de seus amigos próximos. Depois de terminar a reflexão, reformule seus pensamentos e crenças e reavalie suas necessidades.

Etapas para gerenciar os medos conscientes e subconscientes do seu ego.

Resistência

Você experimenta *resistência* quando alguém quer que você faça algo que você não quer fazer, ou alguém tem uma ideia que o afeta de alguma forma e que não está alinhada com a sua própria ideia. Assim que você experimenta resistência, você se sente desalinhado. Às vezes, é difícil entender por que você está sentindo resistência. O desafio que você enfrenta depois de sentir resistência é expressar o que está em sua mente sem medo, sem sentir que está comprometendo seu relacionamento com a pessoa a quem está resistindo. Diga algo como: "Preciso lhe dizer que, por algum motivo, estou sentindo um certo nível de resistência a essa ideia. Não sei por quê." A verdade é que você comprometerá seu relacionamento se não expressar o que está sentindo. Se você não disser nada, é quase certo que a outra pessoa sentirá sua resistência, então é melhor verbalizá-la e ser transparente.

Ansiedade

Você sente *ansiedade* quando se apega a crenças baseadas no medo sobre não ser capaz de atender ou lidar com o estresse envolvido em atender às suas necessidades básicas. Pessoas com crenças subconscientes profundamente arraigadas baseadas no medo vivem em um estado constante de ansiedade. A ansiedade é um estado de transtorno subjacente que continua em operação no plano de fundo até que você seja capaz de dominar seus medos subconscientes. Todos os outros transtornos (resistência, impaciência, frustração, raiva e fúria) são passageiros e situacionais. Novamente, se você puder, é sempre melhor declarar como está se sentindo. Digazer algo como: "Não sei por que, mas estou me sentindo ansioso com essa situação há algum tempo".

Impaciência

Você sente *impaciência* quando não consegue o que quer, quando quer; quando não consegue viver sem ter suas necessidades atendidas imediatamente. A impaciência é um sinal de que você precisa controlar o que está acontecendo em seu mundo porque tem dificuldade em confiar.

Frustração

Se você não consegue resolver uma situação — conseguir o que precisa, quando quiser — sua impaciência se transforma em *frustração*. Você sente frustração (intensa insatisfação) quando, por qualquer motivo, acha impossível atender às suas necessidades. A frustração deixa você ainda mais temeroso do que a impaciência, porque sua crença de que você não pode confiar nos outros para suprir suas necessidades parece ser confirmada.

Raiva

A frustração contínua pode levar à *raiva.* Você sente raiva quando sente uma sensação de desonestidade ou injustiça na forma como está sendo tratado pelos outros, ou em uma situação que o frustra de alguma forma — quando você se sente incapaz de satisfazer suas necessidades não atendidas. Enquanto suas emoções baseadas no medo estavam borbulhando durante a frustração, agora elas são liberadas com a raiva. Quando a raiva é contínua, ela leva à beligerância. Quando você retém sua raiva por um longo período, ela pode eventualmente vir à tona como *fúria.*

Fúria

A fúria é uma raiva incontrolável que dominou sua mente e seu corpo. Quando você sente fúria, você está fora de controle. A fúria, assim como a raiva que você sente, nunca tem a ver com a situação ou o evento que você está vivenciando. A situação ou evento é apenas o gatilho que libera as emoções não expressas que você armazenou em sua mente por muitos anos por não ter suas necessidades atendidas. A fúria explode quando você explora seus medos não processados.

Onde quer que você esteja no espectro de perturbações (da resistência à fúria), siga o processo de domínio pessoal mostrado na tabela anterior se quiser melhorar a situação. Normalmente, a quantidade de tempo gasto na liberação da energia da resistência será muito menor do que a quantidade de tempo gasto na liberação da energia da fúria — as crenças baseadas no medo associadas à fúria geralmente estão sendo carregadas há muitos anos e estão profundamente enraizadas.

Vamos agora examinar detalhadamente cada uma das etapas envolvidas no aprendizado de como gerenciar os medos conscientes e subconscientes do seu ego.

Etapa 1: libere suas emoções

Quando você reconhecer que está passando por uma perturbação, diga e faça o mínimo possível. Este não é o momento para agir. É o momento de parar, fazer uma pausa e liberar a dor que você está sentindo. Ela se apossou de você. Sua mente racional não está mais no controle. Não há como atender às suas necessidades enquanto estiver neste lugar.

Para seu próprio bem, minimize os danos que você pode causar não dizendo ou fazendo nada. Faça uma pausa e respire fundo, peça licença e encontre uma maneira de liberar suas emoções. Faça uma longa caminhada. Faça exercício físico. Converse com um amigo. Grite bem alto. Dê uma surra em uma almofada. Se você estiver dirigindo, encontre um lugar onde possa parar e fazer uma pausa. Extravase a energia e, repito: não faça nada do qual possa se arrepender mais tarde enquanto estiver em um estado de perturbação.

Etapa 2: acione sua auto-observação

Assim que se acalmar, entre no espaço da auto-observação e lembre-se de que tudo o que acabou de sentir foi criado por você subconscientemente por meio de suas crenças. A outra pessoa não criou seus sentimentos. Você os criou. Ninguém tem essa quantidade de poder. Ele ou ela desencadeou sua perturbação emocional, raiva ou resistência. Elas não causaram isso, apenas desencadearam sem saber. Assim que puder, faça a si mesmo as seguintes perguntas:

- O que meu corpo está sentindo agora? Tenho sensações físicas, como aperto na garganta, um nó no estômago ou uma inquietação extrema?
- O que meu ego está pensando ou sentindo agora? Eu me sinto assustado, apavorado, inadequado, ignorado, humilhado, não considerado, não amado ou abandonado?

Você pode usar a lista de sentimentos na tabela a seguir para ajudá-lo com isso.

O melhor momento para desenvolver sua consciência de observador é quando tudo em sua vida está indo bem. Pratique fazer a si mesmo a seguinte pergunta: "*O que está vivo dentro de mim hoje?*" Observe o que surge para você. Qual foi a primeira coisa que veio à sua mente? É algo que te anima e que acontecerá em breve? Foi algo que o preocupa há dias? Seja o que for, é onde sua consciência está focada. Observe por alguns minutos. Se precisar, encontre uma maneira de se acalmar.

Mesmo quando você compreende o processo de domínio pessoal e sabe como acionar a auto-observação, pode não haver nada que você possa fazer para impedir que suas emoções e sentimentos corram por seu corpo e sua mente.

A maioria das pessoas não percebe que consegue observar seus sentimentos. Os pensamentos que circulam em suas mentes as hipnotizam totalmente. Elas passam a vida julgando a si mesmas e aos outros. Se têm um conflito real ou imaginário com alguém, suas mentes constantemente ensaiam o que vão dizer a essa pessoa na próxima vez que se encontrarem ou entrarem em contato por telefone.

Quando estiver operando dessa maneira, você se sentirá e se comportará como uma vítima de suas circunstâncias. Você usará palavras e frases que sugiram aos outros que você não é responsável pelos infortúnios de sua vida. Você provavelmente está procurando alguém ou algo para culpar. Este é um sinal claro de que você não está se apropriando de seus pensamentos, sentimentos e emoções. Você não está sendo responsável pela realidade que está criando. Você provavelmente nem está ciente de que você mesmo criou sua perturbação.

Etapa 3: identifique seus sentimentos

Para se tornar hábil em usar a auto-observação, você deve aprender a perceber o fluxo e as oscilações dos sentimentos (energias) sutis e não tão sutis que são gerados por suas emoções e pelos pensamentos que as acompanham. Para fazer isso, você precisa desenvolver seu vocabulário emocional.

A tabela a seguir fornece um breve dicionário dos sentimentos que seu corpo, ego e alma experimentam. Os sentimentos que criam leveza são impulsionados pelo alinhamento (amor, conexão ou energia que melhora a vida). Os sentimentos que criam peso são motivados pelo desalinhamento (medo, separação ou energia que esgota a vida).

	Sentimentos da mente-corpo	Sentimentos da mente-ego	Sentimentos da mente-alma
Leveza e alinhamento	Energético Vivificado Rejuvenescido Renovado Descansado Revivido	Ávido Amigável Feliz Orgulhoso Satisfeito Seguro	Êxtase Centrado Compassivo Realizado Alegre Confiante

	Sentimentos da mente-corpo	Sentimentos da mente-ego	Sentimentos da mente-alma
Peso e desali-nhamento	Exausto Letárgico Apático Sonolento Cansado Desgastado	Com medo Ansiosa(o) Irritado Impaciente Ciumento Estressado	Enlutado Deprimido Distante Luto Incomodado Retraído

Exemplos de sentimentos gerados pela mente-corpo, mente-ego e mente-alma

Alguns dos sentimentos ou sensações do corpo são impulsionados pelo estado de sua mente-ego, e alguns podem ser impulsionados por sua mente-alma. Por exemplo, quando sinto uma profunda conexão da alma com uma pessoa, um pensamento ou uma ideia, sinto a energia fluindo pelo meu corpo — uma espécie de formigamento. Quando isso acontece, sei que minha alma está em um estado de ressonância com aquela pessoa, pensamento ou ideia.

Etapa 4: identifique seus pensamentos

Observe os pensamentos que estão passando pela sua mente. Geralmente são pensamentos de julgamento, culpa, vergonha ou peso na consciência. Anote seus pensamentos assim que puder. Não se contenha. Escreva todos eles. Seu ego cria esses pensamentos para se justificar e se proteger. São as pistas de que você precisa para identificar seus medos.

Etapa 5: identifique seus medos

Para trabalhar com seus medos, você precisa não apenas identificá-los; você também precisa nomeá-los. Você tem que trazê-los da escuridão do seu subconsciente para a luz da sua percepção consciente. Somente quando alcançam sua percepção consciente, são maleáveis à razão e à lógica. Quando você experimentar um pensamento, sentimento ou emoção negativa, pergunte a si mesmo: *(Insira seu nome como se sua alma estivesse falando com você), estou percebendo que você está com raiva/chateado/impaciente/frustrado/triste/com ciúmes (escolha uma palavra de sentimento negativo que descreva o que está acontecendo dentro de si). (Insira seu nome), qual é o medo que você tem que fez com que você tivesse esse pensamento, sentimento ou emoção negativa?*

Uma das coisas que você pode fazer para ajudar nesse processo é fazer um inventário de seus medos. Faça a si mesmo as três perguntas a seguir sobre sua vida familiar e depois sobre sua vida profissional:

- Quais medos eu tenho em relação a segurança/dinheiro/proteção/sobrevivência em casa/no trabalho?
- Quais medos eu tenho em relação a amizade/aceitação/conexão/amor/pertencimento/respeito em casa/no trabalho?
- Quais medos eu tenho em relação a reconhecimento/incentivo/autoridade/poder/status em casa/no trabalho?
- Quando terminar seu inventário, faça uma lista de seus medos.

Etapa 6: identifique suas necessidades

Por fim, todo desalinhamento energético que você experimenta pode ser atribuído a uma de suas necessidades não atendidas. Se você identificou seus medos usando as três perguntas acima, estará perto de identificar suas necessidades não atendidas. Pergunte a si mesmo:

- Quais necessidades não atendidas estão na origem dos meus medos em relação a segurança/dinheiro/proteção/sobrevivência em casa/no trabalho?
- Quais necessidades não atendidas estão na origem dos meus medos em relação a amizade/aceitação/conexão/amor/pertencimento/respeito em casa/no trabalho?
- Quais necessidades não atendidas estão na origem dos meus medos em relação a reconhecimento/incentivo/autoridade/poder/status em casa/no trabalho?

Quando terminar seu inventário, faça uma lista de suas necessidades não atendidas.

Etapa 7: Identifique suas crenças

Quase todos os seus medos são baseados em suas crenças subconscientes ou conscientes sobre atender às suas necessidades básicas. Existem três tipos de crenças baseadas no medo que correspondem às suas necessidades básicas.

- Não tenho segurança/dinheiro/proteção suficientes para satisfazer minha necessidade de sobrevivência e segurança.

- Não tenho atenção/conexão/amizade/toque físico suficiente para satisfazer minha necessidade de amor e pertencimento.
- Não tenho reconhecimento/encorajamento/atributos positivos/ poder/ autoridade/status suficientes para satisfazer minha necessidade de respeito e reconhecimento.

Se você sentiu falta de proteção na infância e não conseguiu resolver a situação ao expressar suas necessidades, terá guardado a ansiedade e a emoção que sentia naquele momento por se sentir vulnerável ou abandonado. Essa crença subconsciente baseada no medo se manifestará em sua vida adulta como uma falta de confiança em relação aos outros e, possivelmente, uma predisposição a querer controlar o que está acontecendo ao seu redor, ou talvez querer se esconder do mundo. Isso pode fazer com que você busque constantemente reafirmações das pessoas ao seu redor.

Se você sentiu falta de amor na infância e não conseguiu resolver a situação ao expressar suas necessidades, terá guardado a ansiedade e a emoção que sentia naquele momento por não se sentir aceito ou não pertencer. Essa crença subconsciente baseada no medo se manifestará em seus relacionamentos adultos como uma carência de afeto ou necessidade de ser amado.

Se você sentiu falta de atenção na infância e não conseguiu resolver a situação ao expressar suas necessidades, terá guardado a ansiedade e a emoção que sentia naquele momento por se sentir indigno. Essa crença subconsciente baseada no medo se manifestará mais tarde em sua vida adulta como uma necessidade de reconhecimento ou apreciação e uma predisposição à busca por status ou superação.

Neste ponto, talvez seja interessante recordar do esquema inicial desadaptativo que listei no capítulo 6. Leia a lista que forneci e identifique quais dos esquemas você mais vivencia em sua vida. Se você quiser levar esse questionamento mais a sério, pergunte a seu cônjuge ou amigos quais desses esquemas eles identificam em sua vida.

Agora, pegue a lista de seus medos criada na etapa 5 e a lista de necessidades criada na etapa 6 e coloque palavras em volta delas para transformá-las em uma afirmação de crenças.

- Não tenho *controle* suficiente para satisfazer minha necessidade de segurança.

- Não recebo *amor* suficiente para satisfazer minha necessidade de pertencimento.
- Não recebo *reconhecimento* suficiente para satisfazer minha necessidade de autoestima.

Preencha as palavras em itálico que mais representam suas necessidades. A afirmação de crença que você apresentar deve indicar o que você não está recebendo o suficiente e qual necessidade você tem que não está sendo atendida.

Se seu pensamento baseado no medo for: "Ninguém gosta de mim", transforme-o em uma afirmação de crença dizendo: "Não recebo atenção suficiente para satisfazer minha necessidade de aceitação". A tabela a seguir fornece alguns exemplos típicos de pensamentos que foram transformados em afirmações de crenças.

Pensamento	Afirmação de crença
Ninguém me ama.	Não tenho conexões próximas suficientes para satisfazer minha necessidade de amor.
Ninguém gosta de mim.	Não recebo atenção suficiente para satisfazer minha necessidade de pertencimento.
Eu não sou bom o suficiente.	Não sou reconhecido o suficiente pelos outros para satisfazer minha necessidade de autoestima.
Eu sou ignorado.	Não sou ouvido o suficiente para satisfazer minha necessidade de respeito.
Eu sou um fracasso.	Não recebo reconhecimento suficiente para satisfazer minhas necessidades de autoestima.
Ninguém me escuta.	Não consigo receber atenção suficiente para satisfazer minha necessidade de reconhecimento.

Afirmações de Crenças

Etapa 8: questione seus pensamentos/crenças

A melhor técnica para questionar a realidade de seus pensamentos/crenças que encontrei é conhecida como "o trabalho" inventada por Byron Katie Reid.[43] Byron Katie, como é conhecida, descobriu depois de muito sofrimento pessoal que, quando acreditava em seus pensamentos, sofria, mas quando não acreditava neles, não sofria. Isso é verdade para todos os seres humanos. Em outras palavras, o sofrimento é opcional. Ao mudar sua atitude em relação às suas crenças, você pode encontrar a liberdade. Ela aprendeu a se separar de seus pensamentos e tornar-se sua própria observadora.

Alguns dias depois de escrever o parágrafo acima, participei de uma discussão nas redes sociais que foi uma ilustração perfeita da ideia de que acreditar em seus pensamentos pode levar ao sofrimento. Essa discussão específica trata do tópico do fracasso. Aqui está a discussão. John escreveu:

> *Esta manhã encontrei uma pergunta em um dos grupos do LinkedIn. "Como os grandes líderes lideram a si mesmos no aqui e agora?"*
>
> *Quero compartilhar o que está acontecendo no meu aqui e agora. Eu preciso contextualizar com uma curta história primeiro. Quando eu estava aprendendo a esquiar nos Alpes franceses, meu instrutor de esqui, um francês baixinho, louco e absurdamente adorável chamado Frank, disse: "A única maneira de aprender é cometendo erros. Se você não está caindo, você não está aprendendo. Conte quantos erros você cometeu hoje e tente duplicá-los amanhã". Eu segui a orientação de Frank e me joguei (literalmente) nas aulas. Embora eu tivesse hematomas pretos e roxos por todo o corpo, aprendi a esquiar. No momento, não estou me sentindo muito bem com esse método de aprendizado. Eu tenho constantemente cometido erros no último ano e estou ficando entediado e envergonhado por ter que admitir que errei novamente. No fundo do meu coração, sei que o processo está sendo exatamente como deveria ser. Passar por ele não é muito divertido. Esse é o meu aqui e agora. Não parece muito bom.*

Eu respondi a John da seguinte maneira:

> *O que faz com que você não se sinta bem com um erro é o julgamento do ego. Do ponto de vista do ego, erros significam fracasso. Portanto, se você estiver operando a partir do seu ego, um erro será ruim e significará que você falhou de alguma forma. O ego adora julgar as coisas. Visto de uma perspectiva mais elevada, um erro não é ruim. É simplesmente o que é. É um evento que aconteceu e teve um resultado. Não há julgamento associado a um resultado. Um resultado é simplesmente um resultado. O julgamento é seu. Quando você estava ensinando seus filhos a andar de bicicleta e eles caíam repetidamente, tenho certeza de que você nunca disse: "Isso foi péssimo. Você cometeu o mesmo erro novamente. Você está falhando." Tenho certeza de que você disse:*

"Às vezes, é difícil aprender a fazer algo que você nunca fez antes. A única maneira de ter sucesso é se levantar e tentar novamente." Neste momento, você é conscientemente incompetente — você sabe que não sabe fazer algo. Muito em breve, quando você praticar mais, você se tornará conscientemente competente — você saberá que sabe fazer algo. E então, quando você aprender a andar de bicicleta, você será inconscientemente competente. Você será capaz de fazer isso sem pensar, mas precisará praticar antes de acertar.

Basicamente, o fracasso é uma construção da mente que alguém nos ensinou quando éramos jovens e lhe deu o rótulo de "ruim" ou "resultado indesejável". O fracasso não existe. É simplesmente uma tentativa não bem-sucedida de se atingir uma meta. Você precisa se perguntar: "A meta que estou tentando alcançar é *minha* meta ou a meta de outra pessoa — uma meta que outra pessoa acha que eu deveria alcançar?"

Se for importante para outra pessoa e não para você, talvez você queira abandonar essa meta. Se a meta for importante para você, pergunte a si mesmo: "O que aprendi com essa tentativa de atingir minha meta? Como posso melhorar da próxima vez?" O rótulo "fracasso" e os sentimentos associados são o resultado do que acontece quando você acredita em seus pensamentos. Eles são seus julgamentos. Eles não têm outra realidade além da realidade que você dá a eles em sua mente.

Parece semântica dizer que *ninguém é um fracasso, você simplesmente não conseguiu atingir a meta estabelecida*. Mas há muita culpa associada ao fracasso em nosso mundo moderno. Essa é uma culpa em que você não deve acreditar. Não ajudará você a se tornar um só com sua alma. Aprenda a ser compassivo consigo mesmo e nunca deixe que a culpa o sobrecarregue. Se você fez algo que considera inadequado — algo pelo qual se sente culpado — peça perdão ou repare os danos, mas não dê energia à sua culpa. A culpa, assim como o fracasso, é apenas um rótulo que damos a uma situação que, em sua opinião, de alguma forma acabou sendo menos do que perfeita. Aprenda e siga em frente.

ELIMINANDO SUAS CRENÇAS SUBCONSCIENTES BASEADAS NO MEDO

Além de usar a atenção plena com o propósito de domínio pessoal — liberar ou controlar o impacto de suas crenças subconscientes baseadas no medo em sua vida — existem várias outras estratégias que você pode usar para ajudá-lo a entender e lidar com suas emoções motivadas pelo medo.

Todo evento é neutro

Essa é uma das primeiras estratégias que adotei antes de começar a meditar e entender o que era atenção plena. Eu queria encontrar uma maneira de controlar meus pensamentos e comportamentos baseados no medo para minimizar minhas reações emocionais. Para esse fim, estabeleci o seguinte mantra, que costumava usar sempre que sentia o menor indício de irritação ou perturbação. Comecei afirmando para mim mesmo o seguinte:

> *Todo evento é neutro. Acabei de dar a essa situação todo o significado que ela tinha para mim. Por que escolhi dar esse significado a isso? Qual é o medo que eu tenho que me fez escolher essa reação? Que necessidade eu tenho que não está sendo atendida?*

Depois de um tempo, comecei a perceber que, se em vez de usar a primeira pessoa do singular, usasse a segunda pessoa do singular, eu poderia fazer essa afirmação soar como se estivesse vindo da minha alma e, assim, entrar em um diálogo com ela. Então, mudei a declaração da seguinte maneira. Eu dizia:

> *Richard, você sabe que todo evento é neutro. Por que você permitiu que seu ego desse a essa situação específica (descreva a situação) o significado específico que ela tinha para você? Que medo seu ego está segurando que fez você reagir dessa maneira? Que necessidade você acha que seu ego tem que não está sendo atendida?*

Essa frase me permite recorrer à minha alma em busca de orientação e, ao fazer isso, me separar do meu ego. Essa separação, entre quem é você e quem é o seu ego, é um primeiro passo essencial para se tornar um só com sua alma. Todos nós começamos vivendo a vida do ego em um estado de percepção inconsciente da alma. Então você encontra e se conecta com sua alma. Em seguida, você caminha em direção à sua alma e se separa do seu ego. Finalmente, você entra totalmente na consciência da alma ao se tornar um com sua alma.

A razão pela qual eu digo que *todo evento é neutro* é porque todo mundo interpreta o que está acontecendo em suas vidas a partir da perspectiva de suas crenças. Uma pessoa pode interpretar uma situação como positiva, enquanto outra pessoa pode interpretar a mesma situação como negativa. Tudo depende de suas crenças.

Observe como você está se sentindo agora em relação a essa abordagem sugerida. Você pode estar se perguntando: "Como ter câncer ou alguma outra doença fatal pode ser um evento neutro?" A razão pela qual não parece um evento neutro é porque ter câncer o coloca cara a cara com os medos que você tem sobre sua morte (se *você* tem câncer) ou cara a cara com seus medos sobre como você vai lidar (se, por exemplo, seu cônjuge tem câncer). Em ambas as situações, o medo elimina qualquer ideia de neutralidade.

Sua alma está no comando de sua vida, e a alma de seu cônjuge está no comando da vida dele(a). Suas almas vivem no mundo energético quadridimensional e, para elas, não existe morte. Seus corpos podem morrer, mas suas almas viverão em outra dimensão da existência. Quando seu corpo morre, simplesmente significa que a alma não está mais projetando sua vontade de estar presente no mundo físico em seu corpo. Você deve respeitar esse desejo ou fazer mudanças conscientes em sua vida que lhe permitam entrar em um alinhamento maior com sua alma.

É difícil para seu ego encarar a morte, porque a morte para o ego significa o fim de sua vida. Lembre-se, no entanto, de que o propósito da mente-ego era ajudar o corpo — o veículo da alma — a permanecer vivo (estar presente) no mundo físico da realidade tridimensional. Se, por qualquer motivo, a alma não quiser mais estar no mundo físico, o ego será dispensado de seus deveres. Se você está sofrendo de uma doença incurável, ajude seu ego a ver que seu trabalho está feito, para que você possa morrer em paz. A morte não o afetará porque você nunca perderá a consciência da alma. Você sempre tem a percepção da alma: antes, durante e depois de morrer. A morte é mais um problema para aqueles que amam você, porque eles não o terão mais em suas vidas físicas tridimensionais. Em sua percepção de alma quadridimensional, eles nunca perderão o contato.

Ao rotular todas as situações e eventos de sua vida como neutros, não estou de forma alguma sugerindo que você deva negar suas emoções. A ideia por trás dessa estratégia é ajudá-lo a entender que você cria sua realidade emocional dando às situações todo o significado que elas têm para você. Você pode não escolher o significado conscientemente, pode ser uma escolha inconsciente baseada em um medo subconsciente. No entanto, em algum nível, as emoções que você está sentindo e o significado que você está dando a uma situação são gerados por suas crenças.

Essa estratégia de considerar todo evento como neutro leva naturalmente à próxima estratégia: tudo está sempre perfeito.

Tudo está sempre perfeito

Essa estratégia pode ser ainda mais difícil para sua mente-ego tridimensional aguentar do que a última. O que estou dizendo é o seguinte: tudo o que você está sentindo e o que quer que esteja acontecendo está sempre absolutamente perfeito. Está perfeito porque ou parece absolutamente certo, ou está perfeito porque é muito doloroso.

A dor é um presente. Dor e desconforto emocional são sinais do seu campo de energia sobre questões que você precisa resolver para alinhar sua mente-corpo ou mente-ego com sua mente-alma. As dores no corpo indicam que a mente-corpo (campo etérico) está desalinhada com a mente-alma (campo espiritual), e as dores emocionais indicam que a mente-ego (campo emocional) está desalinhada com a mente-alma (campo espiritual).

Sem dores físicas e emocionais, você não saberia que estava em desalinhamento. Elas chamam sua atenção consciente e lhe dão um impulso (reduzem a dor) para agir. Dessa perspectiva, você pode dizer que a dor é um mecanismo para fazer com que você se concentre nas necessidades de sua alma. Na realidade, a dor faz parte da dinâmica energética que ocorre quando seus campos etérico, emocional e espiritual estão desalinhados.

A maioria das pessoas que estão lendo este livro acharia essa explicação razoavelmente aceitável até certo ponto. Mas, e se falarmos sobre ser estuprada, molestada sexualmente ou até mesmo torturada? Como essa situação está absolutamente perfeita? Claro que não está!

Ao rotular cada situação como perfeita, mesmo que seja dolorosa, não estou sugerindo que você deva aceitar o que aconteceu como sendo justo ou razoável, ou que você é de alguma forma responsável pelo que aconteceu. O que estou sugerindo é que você use eventos dolorosos para obter orientação de sua alma, dizendo as seguintes frases:

Olha, eu não sei porque isso está acontecendo, e é muito doloroso para mim. Confio que, do seu ponto de vista, querida alma, há um propósito nisso que em algum momento eu poderei ver. Ajude-me a deixar de lado a dor que estou sentindo, ajude-me a entender por que isso aconteceu e a fazer mudanças em minha vida que me aproximem de você.

Dor é feedback. Você não precisa julgar o sinal. O que você precisa fazer é decidir o que precisa fazer para resolver a situação, para não ter que sentir a dor novamente. Em outras palavras, veja a dor como um presente ou orientação do mundo quadridimensional da energia (sua alma) sobre coisas que você precisa corrigir em sua vida tridimensional para que seu campo de energia volte ao alinhamento.

A dor não é perfeita porque parece perfeita. A dor é perfeita porque oferece a oportunidade de corrigir um desalinhamento e se aproximar de sua alma.

Às vezes, acidentes ou situações que o te fazem parar e fazem com que você descanse ou se recupere podem se tornar bênçãos. Elas são perfeitas porque oferecem a dádiva do tempo: tempo para parar e refletir sobre o que é importante em sua vida. O tempo que você tem para refletir pode permitir que você volte ao alinhamento com sua alma.

Há muitas situações em minha própria vida e nas histórias que ouvi de outras pessoas em que o que era considerado "desastres que arruínam a vida" acabaram sendo uma bênção. Ao escolher considerar o que está acontecendo como perfeito, você está abrindo sua mente para a possibilidade de que o que parece ser uma situação dolorosa agora, pode lhe trazer imensas oportunidades no futuro de mais felicidade e ajudá-lo a se aproximar de sua alma. O que me leva, em um ótimo momento, à próxima estratégia: não há problemas na vida, apenas oportunidades.

Problemas são oportunidades disfarçadas

Os problemas sobrecarregam você e drenam sua energia. A razão pela qual eles drenam sua energia é porque fazem com que você mude para o medo. Visto da terceira dimensão da consciência, um problema é uma situação com a qual você teme não ser capaz de lidar ou teme não conseguir atender a suas necessidades frente a ela. Isso faz com que você se preocupe e geralmente leva ao estresse.

Uma visão alternativa, vinda da quarta dimensão da consciência, é que um problema é uma oportunidade para você aceitar o desafio de superar seus medos e, ao fazê-lo, aproximar-se de sua alma.

Sua alma quer/precisa que você se torne destemido, não necessariamente sem medos e assumindo riscos desnecessários, mas que tenha menos medos. Os medos diminuem a frequência de vibração do seu campo de energia, tornando mais difícil para sua alma entrar na realidade física tridimensional. Então, enfrentar os desafios que a vida (ou sua alma) lhe oferece é o modo de crescer e se desenvolver em consciência. Se você quiser se aproximar de sua alma, precisa remover o máximo possível de medo de sua vida, porque o medo diminui a frequência de vibração do seu campo de energia e o separa da sua alma.

O peso energético que você sente quando se preocupa constantemente ou se sente estressado faz com que você se sinta cansado. Você tira sonecas para escapar sempre que possível. A razão para isso é porque sua alma tem dificuldade de se projetar em um campo de energia condicionado pelas vibrações de baixa frequência associadas ao medo. O sono permite que a alma se reabasteça do campo de energia universal do amor, fechando a mente consciente do pensamento. Se você costuma se sentir cansado e precisa dormir muito, provavelmente seu ego não está alinhado com sua alma. Em algum nível, seu campo de energia está sendo drenado por pensamentos e crenças baseados no medo.

Tudo tem um significado

Não há afirmação mais verdadeira do que *tudo tem um significado*. O problema é que, quando você está operando na consciência tridimensional, não consegue ver o que está motivando as mudanças em seu campo de energia quadridimensional e que estão afetando sua vida tridimensional. Quando você está operando a partir da percepção tridimensional, você é como os seres que operam na percepção bidimensional que não conseguiam ver ou entender como os cinco círculos separados estavam ligados. Eles não apenas não sabiam como os círculos estavam ligados, mas também não sabiam o que os fazia aparecer em seu mundo. Não temos ideia das causas quadridimensionais das coisas que acontecem em nosso mundo tridimensional. A única coisa que podemos fazer é confiar em nossa alma — confiar que tudo o que está acontecendo tem um significado ou propósito.

Quando você está preparado para aceitar que tudo tem um significado, mas você não tem certeza qual ele é, você pode inventar um significado ou aprender a viver com fé e incerteza. Quando você é capaz de viver na incerteza e confiar em sua alma de que tudo o que está acontecendo levará a um resultado positivo, você está assumindo um grande compromisso com sua alma, que não deixará de ser recompensado.

Se você for incapaz de aceitar que tudo tem um significado, você pode eventualmente chegar ao ponto em que acredita que *sua vida* não tem significado. Mais uma vez, em momentos como esse, vale a pena dizer as seguintes palavras à sua alma:

> *Minha querida alma, não consigo ver o significado do que está acontecendo comigo neste momento (descreva o que você acredita que esteja acontecendo). Acredito que, de alguma forma, esteja servindo ao seu propósito ou às suas necessidades. Ajude-me a descobrir o significado para que eu possa ver o que está acontecendo de uma forma positiva?*

Se você quiser viver a vida de sua alma, terá que reconhecer que pode haver situações em que você não consiga entender o que está acontecendo. A única maneira de lidar com essas situações é começar a confiar em sua alma (ver capítulo 12). Suponha que tudo está perfeito e que em algum momento no futuro você entenderá por que aquilo que está acontecendo é uma oportunidade e não um problema.

SER E AÇÃO

Meditação e atenção plena são duas das maneiras pelas quais você pode se conectar à sua alma. Seja qual for o método escolhido, a experiência de se conectar com sua alma o coloca em um estado de ser. Quando você está em um estado de ser, você está vivendo na consciência da alma. Quando você está na consciência do ego, geralmente está em um estado de ação. O que você está fazendo está sempre ligado de alguma forma à satisfação das necessidades do seu ego. Sua mente está sempre ocupada quando você está em um estado de ação. Sua mente raramente está ocupada quando você está em um estado de ser.

Isso não significa que viver na consciência da alma exija que você se sente em uma postura meditativa, sem fazer nada. O truque que você precisa aprender é orientar suas ações por meio do seu ser. Em outras palavras, permita que sua ação seja impulsionada pela necessidade de sua alma de fazer a diferença no mundo, não pelas necessidades do ego de atender às suas necessidades subconscientes de sobrevivência, relacionamento e autoestima baseadas no medo. Quando você consegue permanecer em um lugar de ser, mesmo sem meditar, verá que é relativamente fácil criar o futuro que sua alma deseja experimentar.

Ainda pode haver situações em que você não tenha certeza do que deve fazer. Em tais situações, conecte-se com sua alma e peça orientação, especialmente se você se sentir bloqueado em sua vida. Às vezes, não fazer nada pode ser a melhor coisa a fazer. No entanto, isso exige paciência.

RESUMO

Aqui estão os pontos principais deste capítulo:

1. Existem duas formas principais de se conectar à sua alma: meditação e atenção plena.
2. O propósito da meditação é abrir um canal de comunicação com sua alma.
3. O propósito da atenção plena é envolver sua alma para lhe ajudar e apoiar em sua busca pelo domínio pessoal.
4. O domínio pessoal permite que você libere ou supere suas crenças conscientes e subconscientes baseadas no medo.
5. Há oito etapas envolvidas no gerenciamento de suas crenças conscientes e subconscientes baseadas no medo.
6. Há quatro estratégias extras que você pode usar para mitigar o impacto de seus medos subconscientes: todo evento é neutro; tudo está sempre perfeito; problemas são oportunidades disfarçadas; e tudo tem um significado.
7. Para levar uma vida significativa, você deve basear suas ações no seu ser.

No próximo capítulo, descrevo algumas das estratégias que você pode adotar para fazer amizade com sua alma.

11

Fazendo amizade com sua alma

A diferença entre um conhecido e um amigo é que um amigo é alguém em quem você pode confiar para ajudá-lo e aconselhá-lo quando precisar, enquanto que um conhecido é simplesmente alguém que você conhece. A amizade é sempre mútua e recíproca. Quanto mais você entrar em contato com um amigo, mais ele vai entrar em contato e cuidar de você. Esse contato e cuidado é, acredito eu, a maneira de estabelecer uma amizade com sua alma.

Então a pergunta agora é: o que você precisa fazer para cuidar de sua alma? Para responder a essa pergunta, você precisa entender as necessidades de sua alma.

Como já afirmei, a alma encarnou em seu corpo para aprender como levar uma vida dirigida por valores e propósitos na percepção tridimensional. O que sua alma precisa de você é o seu apoio nessa empreitada.

Também é necessário que você estabeleça um canal aberto de comunicação, mantendo sua mente livre do medo e em um estado de ser — tendo uma mente quieta que não se preocupe constantemente em como atender às necessidades básicas do ego. As técnicas e estratégias que descrevi no capítulo anterior ajudam você nesse ponto. Elas ajudam você a minimizar o medo em sua vida e a aprender como é estar em um lugar de ser. Quando mais dominar isso, mais verá que a inspiração de sua alma estará disponível para você em todos os momentos.

A meta que você precisa definir para si mesmo é viver em um lugar *sem pensamento, sem crença e sem plano*. Isso imediatamente o coloca em um estado de ser. Do ponto de vista do ego, isso é contraintuitivo. O ego pensa: *Há coisas que eu preciso alcançar. Como vou satisfazer minhas necessidades se eu não tiver um plano?* Falo com muita propriedade, pois pratico esse mantra há muitos anos e criei uma empresa bem-sucedida.

Claro, eu não comecei assim. Eu tinha planos, tinha pensamentos e tinha crenças. Quem me conhece há muito tempo certamente confirmará esse fato. Eu passei por toda a jornada. Sofri com noites sem dormir e necessidades não atendidas. O que descobri foi que, ao alinhar as motivações do meu ego com as motivações da minha alma e aprender a confiar em minha alma, não precisava me preocupar em alcançar resultados ou metas específicas. Desde que eu vivesse uma vida dirigida por valores, focasse no propósito da minha alma e cuidasse das pessoas que trabalhavam comigo, os resultados viriam por conta própria.

É claro que não é fácil alcançar esse estado de espírito, quanto mais permanecer nesse estado de espírito por longos períodos. No entanto, com a prática, você descobrirá que, ao repetir para si mesmo *que você não tem pensamento, crença ou plano*, especialmente ao participar de reuniões importantes, aquietará sua mente e dará à sua alma o espaço necessário para fazer sua mágica. Ao dizer essas palavras, o que você está fazendo de fato é reconhecer de forma sutil que você não tem medos nem necessidades. Não há nada que você (seu ego) precise que aconteça. Você simplesmente confia que o resultado será perfeito e entrega tudo à sua alma. Sua alma usará as conexões quadridimensionais para criar resultados que atendam às necessidades que você (sua alma) tem.

PASSANDO DA TOMADA DE DECISÃO BASEADA EM CRENÇAS PARA A TOMADA DE DECISÃO BASEADA EM VALORES

A alma usa valores para tomar decisões. O ego usa crenças. Se você quiser ser amigo de sua alma, precisará mudar de uma tomada de decisão baseada em crenças para uma tomada de decisão baseada em valores.

O ego usa crenças porque não tem valores intrínsecos. Ele aprende a operar no mundo físico tridimensional descobrindo quais ações criam resultados positivos que sustentam a vida, permitindo que você atenda às suas necessidades (coisas que causam prazer e o fazem feliz) e quais ações criam resultados negativos que destroem a vida e impedem que você atenda às suas necessidades (coisas que causam dor e o deixam triste).

Você descobrirá que as crenças que seu ego aprende, que apoiam os valores da alma, serão as que lhe darão os melhores resultados no longo prazo. As crenças que seu ego aprende, voltadas para aliviar seu sofrimento imediato e de curto prazo, geralmente não se alinham com os valores da alma, nem trazem benefícios a longo prazo. Para levar uma vida dirigida por valores, você precisa se comportar de forma ética e manter o foco no longo prazo, sem se deixar levar pela imediatez dos benefícios de curto prazo. Você está na vida e, também, deve estar agindo visando ao longo prazo.

Com base nos resultados de suas primeiras experiências de vida, o ego formula crenças que visam a mantê-lo seguro e feliz ou, na pior das hipóteses, crenças que permitem evitar a dor. Suas crenças são armazenadas em seu banco de memória pessoal. Elas ajudam você a estabelecer "regras" para tomar decisões que permitam que seu ego atenda às suas necessidades básicas. Essas crenças, junto com as ações e emoções associadas, são acionadas a partir de seus bancos de memória sempre que você se depara com uma situação semelhante a uma situação que você vivenciou no passado.

O problema com esse modo de tomada de decisão é que suas crenças são contextuais — elas são determinadas pela programação parental e pelo condicionamento cultural. Como as crenças estão relacionadas ao ambiente e à cultura em que você foi criado, elas tendem a separar grupos de pessoas umas das outras. É por isso que pessoas de diferentes religiões e origens culturais têm dificuldade em se integrar. Suas crenças se tornam parte de sua identidade e separam-nos de outras pessoas que têm crenças diferentes.

Valores, por outro lado, são conceitos que transcendem contextos. Os valores que prezamos em nossos corações são comuns a todas as almas que vivem em corpos humanos. Eles são o mecanismo de tomada de decisão da quarta dimensão da consciência. Para que a alma cumpra seu propósito mais amplo na Terra — apoiar a evolução da consciência no mundo físico tridimensional — ela precisa de uma forma de tomar decisões que una as pessoas, não as separe. É por isso que as democracias funcionam melhor quando são baseadas em valores compartilhados.

No campo de energia da quarta dimensão da consciência, os valores têm uma carga elétrica. Valores positivos são vibrações de alta frequência que atraem as pessoas (honestidade, confiança, integridade), enquanto valores negativos são vibrações de baixa frequência que mantêm as pessoas separadas (inveja, ódio, ciúme). Esses valores separam porque estão contaminados pelo medo. Você deve se lembrar de sua matéria de química na escola em que cargas positivas se atraem e cargas negativas se repelem. É isso que está acontecendo em seu campo de energia quando você toma decisões com base em seus valores: você está configurando um campo de energia que atrai.

À medida que você progride em uma vida dirigida por valores, você se tornará mais honesto, aberto e transparente. Você começará a se tornar um indivíduo autêntico operando com integridade. As pessoas começarão a confiar em você. Isso é o que sua alma quer. Ela quer que você se torne uma pessoa íntegra que une as pessoas para cumprir seu propósito.

ÉTICA

Uma das maneiras pelas quais abordamos o tema dos valores em nosso mundo tridimensional é focar no que é ético. Roger Steare identifica três componentes do comportamento ético: [44]

- Consciência baseada em princípios: agir de acordo com seus valores/virtudes profundamente enraizados.
- Consciência social: agir de uma maneira considerada correta ou aceitável em um contexto social específico.
- Conformidade com as regras: agir dentro e de acordo com os direitos e deveres legais da cultura que define sua estrutura de existência.

Consciência baseada em princípios

Demonstramos esse tipo de consciência quando operamos a partir de nossa mente-alma. Ela nos mantém íntegros e cria autenticidade. Em sua essência, a consciência baseada em princípios é a tomada de decisões baseada em valores. Um alto grau de domínio pessoal é essencial para operar com uma consciência baseada em princípios, porque é preciso coragem para fazer o que você sabe e acredita que é certo em todas as situações. Quando as pessoas se concentram em tentar satisfazer suas necessidades básicas do ego, a consciência baseada em princípios geralmente vai pelo ralo. Elas fazem o que querem para que suas necessidades sejam atendidas, sem pensar no impacto que seu comportamento pode ter sobre os outros. Operar com uma consciência baseada em princípios exige honestidade e altos níveis de integridade.

Consciência social

É semelhante à consciência baseada em princípios, mas em um contexto mais amplo. O desafio aqui é viver de acordo com os valores dos grupos dos quais você é membro ou do grupo étnico ou cultural ao qual você pertence. A consciência social trabalha com base no princípio de que o que é melhor para a maioria deve ter prioridade sobre o que é melhor para o indivíduo. Você operará com consciência social se realmente se identificar com o grupo ao qual pertence. Se você não se sentir parte do grupo, não se importará com os valores do grupo. Você fará o que quiser para atender às suas próprias necessidades. Essa dinâmica — a falta de conexão com o grupo ou a cultura que engloba sua estrutura de existência — é a fonte do comportamento antissocial. Quando as pessoas se sentem excluídas, elas não têm lealdade ao grupo e se comportam de maneira antiética, sem levar em conta qualquer forma de consciência social.

Os problemas surgem quando sua consciência pessoal colide com sua consciência social. Esse é o problema enfrentado pelos delatores — aqueles que dizem ao mundo o que realmente está acontecendo, não o que o grupo ao qual pertencem quer que as pessoas pensem. Esse tipo de situação também representa um desafio à sua integridade. Você permanece fiel a si mesmo ou ao grupo do qual depende para sua existência? Essa questão pode ser um desafio muito difícil de se enfrentar.

Conformidade com regras

As regras são estabelecidas para ajudar as pessoas a distinguirem claramente quais são comportamentos aceitáveis e quais não são aceitáveis — para distinguir a ação certa da ação errada dentro de uma estrutura cultural específica. Quando as regras se tornam leis, há consequências legais na forma de punições se você não as cumprir. Regras e leis só são necessárias se as pessoas não puderem ser confiáveis de fazer a coisa certa.

Roger Steare conclui de sua pesquisa que o propósito da ética é fornecer uma estrutura para viver uma boa vida e criar um mundo melhor. Em outras palavras, a ética nos fornece uma estrutura para uma vida baseada na alma.

CONCENTRANDO-SE NO PROPÓSITO DA SUA ALMA

Muitas pessoas não conhecem o propósito de sua alma e nunca fazem qualquer esforço para descobrir. Elas presumem que satisfazer as necessidades do ego é tudo o que existe na vida: enriquecer para acumular mais bens, buscar novos e mais excitantes encontros sexuais para não se sentir tão sozinho, tornar-se especialista em sua área para ser reconhecido pelos outros, acumular mais poder para influenciar as pessoas e ter o maior e melhor de tudo para que possa alcançar um senso de autoestima. O problema com essas atividades é que elas não trazem alegria. Elas podem trazer breves momentos de felicidade e um sentimento de orgulho, mas não trazem nenhum significado real à sua vida. Elas não alimentam sua alma.

Algumas pessoas vivem em condições tão difíceis ou são tão feridas emocionalmente por sua criação que passam a vida tentando atender às suas necessidades de deficiência consciente ou subconsciente. Se você não se enquadra em um desses grupos, você tem uma vantagem e pode muito bem ter a chance de viver sua vida como uma alma.

Sua alma encarnou com dois propósitos: trazer um presente ao mundo (o propósito de sua alma), e aprender a levar uma vida dirigida por valores. Somente você pode dar esse presente específico e somente você pode levar essa vida dirigida por valores.

Algumas pessoas encontram o propósito de sua alma cedo na vida, outras o encontram muito mais tarde. Se você ainda não descobriu o propósito de sua alma, sem dúvida estará ansioso para descobri-lo. Há muitos treinamentos e oficinas que valem a pena participar para te apoiar nessa jornada.

A melhor maneira de descobrir seu propósito é examinar sua vida. Você nasceu como uma alma única com um dom único, algo com que só você pode contribuir para a dinâmica contínua da evolução da consciência humana. Você pode ter certeza de que as marcas de sua alma* começam a se manifestar no mundo físico a partir do momento que você nasce. Se você quiser descobrir quais são, faça a si mesmo estas perguntas: Quais interesses você tinha quando criança? No que você era bom? No que você não era

* Suas marcas da alma são como impressões digitais. Elas são um sinal de sua singularidade e estão sempre com você.

muito bom? O que você tinha medo de fazer? Você quase certamente encontrará pistas nas respostas a essas perguntas para esclarecer qual é o seu propósito.[45]

Quando criança, aprendi a ficar sozinho — eu era filho único. Eu estava sempre lendo livros. Eu era curioso. Eu precisava de clareza. Eu tinha medo de falar com outras pessoas. Eu tinha medo de falar em público. Eu era tremendamente tímido. Tive a sensação avassaladora de que havia muita coisa que eu não sabia, mas deveria saber, e tinha medo que as pessoas pudessem me julgar se eu abrisse minha boca.

Eu me interessava por geografia mundial. Eu colecionava selos estrangeiros. Eu ganhei o prêmio escolar de educação cívica. Eu nem sabia o que era educação cívica. Além de ler as lições bíblicas, cumpria meus deveres como representante de sala. Eu organizei os bailes da escola. Sem saber nada sobre música, formei uma banda para uma competição escolar e aprendi a reger. Todas as outras bandas da competição tocaram música clássica. Nós tocamos uma peça de jazz chamada “A Valsa Africana”. Não vencemos, mas nos divertimos.

Ao olhar para trás, posso ver claramente como cada uma dessas características e o enorme desafio de superar meu medo de falar em público foram os primeiros indícios sobre quem eu me tornaria. Passar dias, semanas e meses escrevendo não é um problema para mim, pois sempre fui acostumado a estar sozinho. Aceitei o desafio de falar em público e agora posso falar sem medo ou hesitação para públicos de qualquer tamanho. Eu prefiro escrever a falar, mas falar não me assusta mais.

Parte da razão pela qual não tenho medo é porque minha busca por clareza me permitiu encontrar o que considero verdades. Meu desejo de clareza combinado com meu amor pela leitura me permite examinar muitos pontos de vista. Eu compro pelo menos um livro por semana, às vezes mais. Eu não me conformo, eu desafio as regras. Eu não sigo cegamente as tradições ou o que aconteceu antes. Se não faz sentido, eu faço de forma diferente. Pergunto à minha alma o que fazer.

Quando você terminar de examinar sua infância, comece a analisar sua adolescência e sua idade adulta.

Eu me diverti com meus estudos, obtendo um diploma com méritos em engenharia civil. Eu fiz uma pós-graduação em um tópico que na época era novo — engenharia de transporte urbano. Em vez de focar minha atenção em meus estudos de pós-graduação, organizei um centro estudantil para aqueles que não conseguiam encontrar hospedagem perto da universidade. Eu era o presidente desse centro estudantil e o barman chefe do pub que alugamos, para que os estudantes pudessem se reunir nas noites de quinta e sábado sem precisar viajar quilômetros para ir à universidade curtir a noite.

Mais tarde, depois de me formar, abri a filial de uma prestigiada empresa britânica de consultoria em Paris quando tinha vinte e seis anos. Comecei minha própria empresa de consultoria quando tinha trinta e dois anos. Entrei para o Banco Mundial quando tinha quarenta e um anos. Desisti da minha carreira no Banco Mundial quando tinha 52 anos e montei uma empresa para apoiar líderes na construção de organizações dirigidas por valores. Durante todo esse período, dos vinte e seis aos cinquenta e dois anos, li todos os livros que pude encontrar e que poderiam me dar uma ideia do significado da vida.

Ao olhar para trás agora, percebo que minha alma sempre esteve presente nas coisas que eu fazia e na maneira como as fazia. Eu estava sempre abrindo novos caminhos, fazendo o que não era normal e desafiando o *status quo*. Isso é quem minha alma é. Minha contribuição para minha alma foi aprender a não ter medo (domínio pessoal), abrir o caminho (me individuar e realizar) e aprender a seguir os anseios da minha alma (integrar e servir).

É importante aprender a distinguir, à medida que você avança na ativação de sua alma, a diferença entre o desejo de realização do seu ego e o impulso de sua alma por um propósito. Sem essa distinção claramente gravada em sua mente, você poderia facilmente voltar à consciência do ego.

Acredito que a característica de diferenciação mais importante é a seguinte: o ego se concentra em metas, enquanto a alma se concentra em fazer a diferença. Uma meta é um resultado que você deseja alcançar. Tem um resultado quantificável. Ela satisfaz a necessidade do ego de reconhecimento, reafirmação e autoestima. Fazer a diferença não é um resultado, é um processo. Não é algo que você normalmente mede em números — é algo que você mede pelas mudanças que você vê na qualidade de vida das pessoas. Assim que você começar a atribuir números ao impacto que acredita estar tendo no mundo, pergunte a si mesmo por que está fazendo isso. Você está tentando ter e se mostrar? Você está tentando justificar sua contribuição do ponto de vista econômico ou financeiro? Ou você está fazendo o que está fazendo porque isso enche seu coração de alegria e paixão? O ego numera suas contribuições e a alma serve pela alegria de servir.

Ativar sua alma se torna extremamente mais fácil quando você percebe que viver uma vida baseada em valores é o caminho que você deve trilhar para viver uma vida com propósitos: os dois andam de mãos dadas. Quem você é como indivíduo afeta diretamente sua capacidade de implementar o propósito de sua alma. O mesmo acontece nas organizações: quem você é e o que você representa desempenham um papel significativo no seu sucesso. Para alcançar a ativação total de sua alma, você deve considerar seus valores em seu propósito. Sua alma nunca encontrará sua satisfação se você não tiver feito seu trabalho de valores primeiro.

RESUMO

Aqui estão os pontos principais deste capítulo:

1. Importar-se com o que importa para sua alma é o jeito de fazer amizade com sua alma.
2. Faça a mudança da tomada de decisão baseada em crenças para a tomada de decisão baseada em valores.
3. Concentre suas energias no propósito de sua alma.
4. Se você não tiver certeza do propósito de sua alma, examine sua vida e descubra as marcas de sua alma.
5. Para ativar totalmente sua alma e permitir que ela encontre satisfação, você precisará aprender a levar uma vida dirigida por valores.

No próximo capítulo, descrevo algumas das estratégias que você pode adotar para aprender a confiar em sua alma.

12

Confiando em sua alma

Confiar em sua alma exige imensa coragem quando você está operando a partir do ego. Isso ocorre porque o ego leva seu trabalho muito a sério. Ele recebeu a tarefa de manter o corpo a salvo e esqueceu que estava realizando esse serviço em nome da alma. Achou que estava se protegendo. Seu ego precisa aprender que, para encontrar a verdadeira satisfação, ele precisa se tornar o servo de sua alma.

Tendo estabelecido uma conexão e, em seguida, uma amizade com sua alma, chegou a hora de testar seriamente o quanto você pode confiar em sua alma. Há muitas maneiras de fazer isso, mas independentemente da maneira que você escolha, não deve fazer isso com um pé atrás. Você chegou ao momento em que deve sair da margem e mergulhar no rio. O ditado dos índios norte-americanos Hopi, intitulado *Sabedoria dos Anciãos*, captura muito bem esse momento:

Há um rio que agora está correndo muito rápido.
É tão grande e veloz que assustará alguns.
Esses vão tentar ficar à margem.
Vão se sentir dilacerados, e vão sofrer imensamente.
Saibam, o rio tem o seu destino.
Devemos deixar a margem, saltar para o meio do rio,
Manter os olhos bem abertos e as cabeças acima da água.
Veja quem está lá com você e celebre.
O tempo do lobo solitário acabou.
Nós somos aqueles que nós mesmos estávamos esperando.

O *tempo do lobo solitário acabou* porque você atingiu um ponto em seu desenvolvimento em que está abrindo mão de sua independência. Você está pronto para pular no rio e *ver quem está lá com você e celebrar*, porque agora você vai trabalhar com essas pessoas que também se comprometeram com os propósitos de suas almas. Elas estão no rio com você por um motivo. Elas são almas gêmeas; juntos, vocês entrarão em um estado de interdependência para que possam potencializar seus esforços para fazer a diferença no mundo.

FALAR COM A ALMA

Lembro-me vividamente do dia em que realmente pulei da margem e comecei a confiar em minha alma. Você deve se lembrar que mencionei anteriormente que, quando era criança, era muito tímido. Eu tinha tanto medo de falar em público que, quando me tornei representante na escola, entrava em pânico extremo se tivesse que ler a Bíblia na assembleia escolar. Desenvolvi uma estratégia para lidar com isso: trocava de tarefa com outros representantes ou, se isso não funcionasse, eu fingia que estava doente para ficar em casa.

Depois de concluir meus estudos na universidade, eu sabia que tinha que enfrentar esse problema se quisesse avançar em minha carreira, então fui para aulas de oratória. Aprendi a fazer um bom discurso, não necessariamente um discurso inspirador, mas um discurso que as pessoas pudessem compreender e que me permitia transmitir minha mensagem. Como eu estava sempre falando sobre tópicos técnicos, usava o retroprojetor para apresentar com slides. Eu confiava nos meus slides para me ajudar a fazer meus discursos.

Avancemos para trinta anos mais tarde, quando eu havia acabado de finalizar meu segundo livro, que tratava sobre transformação organizacional.[46] Meu primeiro livro, que eu havia terminado dois anos antes, lidava com transformação pessoal.[47]

Certa noite, fui convidado para fazer um discurso em uma igreja na Holanda. Eu não havia tido muito contato com os organizadores, então não sabia por que o público estava indo ao evento. Eu me perguntei: "*Eles estão vindo para ouvir um discurso sobre transformação organizacional ou um discurso sobre transformação pessoal*?"

Decidi confiar em minha alma, com quem nessa época eu já havia estabelecido uma forte amizade. Tentei fazer algo que mais tarde chamei de "*falar com a alma*": não entregar um discurso preparado, mas comparecer, perguntar a alguns membros da plateia porque eles tinham vindo e depois confiar em minha alma para falar sobre suas preocupações. Claro que funcionou.

A partir desse momento, passei a confiar cada vez mais nessa técnica. A menos que eu precisasse de slides para transmitir uma mensagem específica, eu não me prepararia. Eu simplesmente compareceria e deixaria minha alma fazer o resto. Cerca de dois minutos antes de falar, eu fechei meus olhos, voltei-me para meu interior e conectei-me com minha alma. Eu disse algo como: "*OK, alma, agora é a hora. Chegou o momento de você passar sua mensagem.*" Eu ainda faço isso toda vez que faço um discurso.

Quando entro conscientemente na consciência da alma, sei, pelo feedback que recebo, que sou mais inspirador. Eu também aprendo muito. Às vezes, as palavras que falo são coisas que nunca me ouvi dizer antes. Agora eu gosto de fazer discursos, porque, depois de escrever, é quando me sinto mais próximo da minha alma.

Quando estou escrevendo, entro automaticamente na consciência da alma e começo a digitar. Minha alma me guia por todo o caminho. Minha alma não só me diz quais livros escrever, ela me apoia no processo — ela me dá o sumário e me diz como estruturar cada capítulo. As mensagens vêm de maneiras diferentes. Às vezes, eu acordo no meio da noite com um grande download de informações e faço anotações. Eu sempre mantenho um caderno para anotações ao lado da cama porque nunca sei quando a próxima mensagem chegará.

Às vezes, quando chego a um novo capítulo e não tenho ideia consciente do que dizer, um pensamento na forma de uma frase ou sentença vem até mim. Eu o anoto imediatamente. Essas frases são como fios na ponta de uma bola de lã. Quando me dou por mim, já preenchi várias páginas com palavras que fluíram a partir daquela frase. Em seguida, uso a lógica tridimensional para reorganizar o que escrevi e adicionar alguns dados.

Por causa dessas experiências, aprendi que, sempre que me sinto travado e não sei o que fazer, simplesmente peço orientação à minha alma. Explico a situação, o que acaba sendo um pouco inútil já que minha alma já sabe, e simplesmente peço que ela assuma o controle. Peço à minha alma que me dê conselhos que beneficiarão seus propósitos. Sempre recebo uma resposta em menos de vinte e quatro horas. As respostas são claras e precisas.

DESAPEGO

Para operar dessa maneira, você precisa se livrar de qualquer apego que seu ego tenha de que as coisas precisam ser do jeito que seu ego quer. Quando seu ego acha que sabe exatamente o que fazer, cuidado! O ego geralmente se concentra em satisfazer uma de suas necessidades não atendidas. A simples ideia de não conseguir atender a essas necessidades gera ansiedade e medo. Sempre que você permite que o medo entre em sua mente, você está enviando uma mensagem à sua alma de que não confia nela para produzir o resultado que é mais benéfico para si. O desapego envia uma mensagem diferente para sua alma. O desapego diz: Sra. Alma, confio em você para organizar o resultado de forma que ele se adapte perfeitamente às *suas* necessidades.

O que seu ego está tentando aprender ao confiar na alma é que os melhores resultados possíveis sempre surgem quando você permite que suas ações fluam do seu ser.

Essa técnica de permitir em vez de forçar é especialmente poderosa quando você se compromete com o propósito de sua alma. Sua alma começa a fazer as coisas acontecerem usando suas conexões energéticas quadridimensionais: Essas palavras que aparecem no livro de William H. Murray, *The Scottish Himalayan Expedition* (1951), retratam essa ideia:

> *Até que alguém se comprometa, há hesitação, chance de recuar, uma eterna ineficácia. No que diz respeito a todos os atos de iniciativa (e criação), há uma verdade elementar cuja ignorância de tal mata inúmeras ideias e planos esplêndidos: no momento em que alguém se compromete indubitavelmente, a providência também se move. Toda uma série de eventos decorre da decisão, criando a seu favor todo tipo de acontecimentos, reuniões e assistência material imprevistas, que nenhum homem poderia ter imaginado que teriam surgido em seu caminho.*

Para obter mais da alegria que deseja experimentar, você deve se livrar de qualquer medo que possa ter de seguir sua paixão e aprender a confiar em sua alma. Esse é um grande passo, pois pode significar jogar a cautela pela janela e pular em sua vida sem um paraquedas. Para fazer isso, você deve ser capaz de confiar que será capaz de sobreviver. Isso pode forçá-lo a revisitar seus problemas do ego não resolvidos (crenças conscientes ou subconscientes baseadas no medo) sobre atender às suas necessidades de sobrevivência.

Neste ponto do seu desenvolvimento, o ego ainda pensa que tem uma alma. Ele se alegra com essa percepção, mas ainda não se integrou ao campo de energia da alma. Ele não percebe que o corpo que está protegendo é o veículo da alma, e a alma criou o ego para manter o corpo a salvo de danos. O ego pensa que é o "capitão" de sua alma. Esse estágio de desenvolvimento é descrito muito bem no poema *Invictus*, de William Ernest Henley, traduzido por Ana Rüsche.

Protegido da noite que me encobre,
Escura como o vão entre os mastros,
Eu agradeço a quaisquer deuses que acaso existam
Por minha alma inconquistável.
Nas garras das circunstâncias,
Não estremeci ou chorei em voz alta.
Sob os golpes do acaso
Minha cabeça sangra, mas não curvada.
Além deste lugar de ira e lágrimas,
Agiganta-se o horror das sombras,
E, ainda assim, a ameaça dos anos
Me encontra, e me encontrará, sem medo.
Não importa quão estreito seja o portão,
Quão cheio de punições o pergaminho,
Eu sou o mestre do meu destino,
Eu sou o capitão da minha alma.

No poema de Henley, o ego acredita que tem uma alma, e sua alma é *inconquistável*. Esse conhecimento torna o ego *sem medo*, porque o ego agora tem uma relação de confiança com a alma e está começando a compreender a natureza energética e atemporal da alma. O ego ainda não percebeu que é servo de sua alma e que deve sua própria existência à alma. Este é o próximo estágio de desenvolvimento: tornar-se um com sua alma.

MUDANDO SUA IDENTIDADE

A confiança é uma via de mão dupla. Você não precisa apenas aprender a confiar em sua alma, sua alma precisa aprender a confiar em você. Uma das maneiras pelas quais você pode ganhar a confiança de sua alma é se identificando como uma alma: ao assumir as características de uma alma. Para fazer isso, você deve eliminar todas as formas de separação da maneira como se identifica. Na quarta dimensão da consciência, a alma está conectada energeticamente a todas as outras almas que entram em sua vida — não há separação nas dimensões superiores da consciência.

O ego tem quatro formas principais de se identificar: gênero, religião, nacionalidade e raça. Antes de começar a me identificar como alma, eu costumava me descrever como um homem, branco, britânico e protestante. Essa forma de identidade me separou de todas as pessoas não brancas, todas as mulheres, todas as outras nacionalidades e todas as religiões não protestantes. Percebi que havia muita separação que precisava ser curada se eu quisesse ganhar a confiança de sua alma.

A forma como removi a nacionalidade como marcador de separação foi me identificar como cidadão do planeta. A forma como removi o gênero como marcador de separação foi abraçar minhas energias femininas mais suaves. A maneira como removi a raça como um marcador de separação foi pensar em mim mesmo como uma alma tendo uma experiência humana. A maneira como removi a religião como um marcador de separação foi pensar em mim mesmo como membro de todas as religiões.

Quando expliquei essa abordagem a um amigo que é padre metodista, descobri que, para ele, era uma afirmação impossível. Ele me disse que eu não poderia ser membro de todas as religiões *e* membro de uma Igreja Metodista! "Que pena!" Eu disse. Não estou disposto a deixar nenhuma forma de divisão entrar na minha vida. Eu havia decidido que nada me impediria de me identificar com o que acredito ser a mensagem central de todas as religiões: viver uma vida de amor.

Quando me perguntam: "De onde você é?" Muitas vezes dou a resposta: "Do Céu". A maioria das pessoas a que digo isso veem como uma frase engraçada, começamos uma conversa sobre suas crenças espirituais e imediatamente começamos a construir uma conexão. Outros me olham com curiosidade, como se eu fosse um pouco maluco. Tudo bem. Não estou preocupado com o que as pessoas pensam de mim. Experimente você mesmo e veja o que acontece. Você vai se divertir.

O que estou tentando dizer aqui é simples. Ao se identificar das quatro maneiras que descrevi, você está enviando uma mensagem para sua alma, bem como para seu ego, de que você está totalmente de acordo com a ideia de que todos em um corpo humano são essencialmente uma alma tendo uma experiência humana. Somos todos aspectos individuados de um campo de energia multidimensional. Ao se identificar com esse campo, você está trazendo conscientemente a realidade quadridimensional de sua alma para o seu mundo tridimensional. Exatamente o que sua alma está tentando fazer. Essa é uma das estratégias mais importantes para ganhar a confiança de sua alma.

RESUMO

Aqui estão os pontos principais deste capítulo:

1. Você tem que sair da margem e pular no rio se quiser aprender a confiar em sua alma.
2. Se você quer viver na consciência da alma, você deve aprender a deixar de lado o apego do seu ego a resultados específicos.
3. Retire de sua vida todas as crenças de separação sobre sua identidade: você é uma alma desfrutando de uma existência humana. Essa é a sua única realidade.

No próximo e último capítulo, descrevo algumas das estratégias que você pode usar para se tornar um com sua alma.

13

Tornando-se um com sua alma

Finalmente, você chega ao estágio em que deseja viver mais ainda os bons sentimentos (alinhamento energético) que sente quando confia em sua alma. É quando você percebe que o caminho a seguir é se tornar o servo de sua alma. Tornar-se servo de sua alma é o estágio de seu desenvolvimento que precede o tornar-se um com sua alma.

Há uma diferença clara entre servir sua alma e tornar-se um com sua alma. Quando seu ego serve à sua alma, ele renuncia à sua liberdade. Quando seu ego se torna um com sua alma, ele abandona sua existência: uma parte de você, que lhe serviu bem, tem que morrer. Essa é a sensação vista pelos olhos do ego na terceira dimensão da consciência. Olhando da quarta dimensão, parece diferente. Enquanto seu ego ainda está servindo à sua alma, o campo de energia do seu ego e da sua alma permanecem separados. Quando seu ego se torna um com sua alma, o campo de energia do seu ego se funde com o campo de energia da sua alma. Essa fusão ocorre porque a frequência de vibração do ego se torna a mesma frequência de vibração da sua alma.

Para a maioria de nós, a mudança de confiar em sua alma para se tornar servo de sua alma já é um grande desafio. Dar o próximo passo (dominar a capacidade de viver uma existência sem medo, satisfazer automaticamente suas necessidades antes mesmo que você saiba que as tem e manifestar o que seu coração deseja por meio do pensamento) está além de nossa imaginação.

No entanto, todos que se conectaram, fizeram amizade, confiaram e tornaram-se servos de sua alma tiveram a experiência de fazer todas essas coisas em momentos, horas ou até dias específicos de suas vidas. Durante todos os momentos e de todas as maneiras que você se conectou, fez amizade, confiou e serviu sua alma, você estava, nesses momentos, em harmonia com sua alma.

A razão pela qual você acha isso difícil de acreditar é porque você objetificou sua alma. Você acha que tem uma alma e sua alma está separada de si. A verdade é o oposto disso: sua alma tem você. Sua alma (você) está tentando dominar a vida em uma realidade física tridimensional, da mesma maneira em que vive na realidade quadridimensional: com amor e um profundo senso de conexão com tudo.

Quando você pensa que está entrando em contato sua alma, o aspecto de sua alma que está vivendo em um mundo tridimensional está entrando em contato com o outro aspecto de sua alma que está vivendo em um mundo quadridimensional. Nunca houve nenhuma separação. A separação sempre foi uma ilusão. Nunca houve um eu separado. Você sempre foi sua alma vivendo a vida em duas dimensões diferentes da realidade — uma parte de você na percepção quadridimensional e uma parte na percepção tridimensional.

Quando *falo* ou *escrevo com a alma*, como estou fazendo neste exato momento[1], não estou sentindo minha alma. Estou sendo minha alma. Não há nenhum outro aspecto de mim presente. Nesses momentos, meu ego pensa que está sendo um canal para a expressão dos pensamentos da minha alma. Na realidade, não há ego. O “eu” que está escrevendo essas palavras é minha alma.

Quando não estou nesses momentos, quando estou lavando a “roupa suja” da minha vida, cuidando dos aspectos práticos da minha existência física, não me considero minha alma. Eu me considero um servo da minha alma, cuidando dos detalhes da minha vida para que meu corpo, o veículo da minha alma, possa estar totalmente descansado e em forma para qualquer coisa que minha alma queira que eu faça. Isso, desculpe minha linguagem, é a asneira do meu ego.

Quem está envolvido em lavar a louça, limpar a casa, levar as crianças à escola, arrancar ervas daninhas no jardim, fazer exercícios na academia e equilibrar as contas no final do mês? É seu ego ou sua alma?

É de vital importância entender que não são as tarefas que definem quem as executa. É a atitude ou qualidade de espírito que você traz para essas tarefas que define quem você é.

Em outras palavras, quando você está totalmente concentrado na tarefa que está fazendo, quando você está totalmente no momento presente, está

[1] Eu não planejei esse capítulo. Assim que comecei, ele se escreveu sozinho.

vivendo na consciência da alma. É simples assim. Quando você está totalmente presente, não há espaço em seu campo mental para outros pensamentos. Não há passado para que a raiva se infiltre em sua mente, e não há futuro para que o medo penetre em sua mente. Só existe a percepção do momento presente. Quando você está totalmente imerso na percepção do momento, você está em harmonia com sua alma.

Aqui está o segredo para se tornar um com sua alma. Não se trata de suas ações, seus discursos, seus escritos, suas boas obras ou qualquer coisa que envolva fazer. Trata-se de estar total e absolutamente focado na percepção do momento presente. É nesse momento que você se torna um com sua alma.

É por isso que a meditação e a atenção plena são importantes. Como as rodinhas em bicicletas infantis, essas práticas são o treinamento necessário para você se preparar para uma estadia prolongada na percepção do momento presente. O único lugar onde você pode encontrar sua alma é aqui e agora. Não há nenhum outro lugar ou tempo possível. É por isso que eu pratico constantemente não ter pensamentos, crenças ou planos. É uma das melhores maneiras que conheço de me manter no momento presente e viver com a percepção da alma. Você pode fazer quantos treinamentos quiser, mas não encontrará sua alma em nenhum deles. Eles podem ajudá-lo a encontrar sua alma, fazer amizade com sua alma, confiar nela ou até mesmo se tornar um servo de sua alma, mas é somente na percepção do momento presente que você pode se tornar um com sua alma.

Morar em um templo ou mosteiro onde você pode dedicar longas horas à prática da meditação em um abrigo seguro e com proteção do mundo exterior é um excelente treinamento para se conectar com sua alma. A crise surge, no entanto, quando você sai do templo ou mosteiro e tenta construir uma vida normal no caos que criamos para nós mesmos em nossa realidade tridimensional. Você aprende rapidamente que a meditação não é suficiente. Você também precisa desenvolver suas habilidades de domínio pessoal (lidar com seus medos) se quiser encontrar satisfação no seu dia a dia.

PROMPTS DA ALMA

Em última análise, a única coisa que você precisa fazer para viver a vida de sua alma é manter seu campo mental completamente limpo e focado na percepção do momento presente, para que seu eu tridimensional possa ficar em contato com seu eu quadridimensional. Existem três maneiras principais pelas quais seu eu tridimensional pode se comunicar com seu eu quadridimensional:

- Conversa direta (iniciada por você, o eu tridimensional)
- Pensamentos diretos (iniciados por você ou sua alma, o eu quadridimensional)
- Experiências sincronísticas (iniciadas por sua alma)

Conversa direta

Eu falei sobre esse método anteriormente. Eu chamei isso de *diálogo com sua alma*. Há duas maneiras principais de vivenciar essas conversas: visualização e psicografia (escrita automática).

VISUALIZAÇÃO

Encontre um lugar tranquilo, onde você possa se sentar ou se deitar, e use alguma forma de relaxamento progressivo para acalmar sua mente. Quando sua mente estiver tranquila, imagine-se fazendo uma jornada por um caminho até o lugar mais seguro que você possa imaginar, onde encontrará sua alma. Quando você encontrar sua alma, faça as perguntas que primeiro vêm em sua mente. Ouça as respostas. Faça mais perguntas até que a conversa termine. Agradeça à sua alma e retorne pelo mesmo caminho para a realidade do momento presente no mundo físico tridimensional.

PSICOGRAFIA (ESCRITA AUTOMÁTICA)

Você se prepara para essa experiência exatamente da mesma forma que a visualização, mas dessa vez tem papel e caneta perto de si. Então, quando sua mente estiver tranquila, você pode anotar as perguntas que tem para sua alma e registrar as respostas. Apenas deixe sua caneta fluir. Veja quais palavras querem ser escritas. Você se surpreenderá com o que pode aprender.

Pensamentos diretos

Esse é o modo de contato que minha alma e eu mais usamos. Quando estou iniciando uma conversa com minha alma, uso o poder da minha concentração para fechar minha mente para tudo ao meu redor e falar (em meus pensamentos) com minha alma. Geralmente, leva menos de um segundo. Em seguida, faço a pergunta sobre a qual preciso de orientação e aguardo a ideia que vem em resposta. Às vezes, se o assunto não for urgente, eu simplesmente me concentro em me conectar com minha alma pouco antes de ir para a cama e digo algo como: "*Alma, estou me sentindo bloqueado nesse momento. Não tenho certeza do que fazer. Por favor, oriente-me para que eu possa me manter alinhado com seus propósitos.*" Na manhã seguinte, eu tenho minha resposta.

Quando minha alma (meu eu quadridimensional) entra em contato comigo (meu eu tridimensional), é bem diferente. Eu chamo isso de *inspiração*. É um modo de comunicação que está além da intuição. Enquanto a intuição é um pensamento que surge em sua mente a partir do inconsciente coletivo, a inspiração vem como uma diretriz específica de sua alma — algo que sua alma quer que você faça. A história a seguir descreve a inspiração que recebi quando fui chamado para escrever *O Novo Paradigma da Liderança*. Essa história é contada no início do livro.

> *Devo admitir que, quando reconheci pela primeira vez o chamado para escrever um livro sobre liderança, resisti à ideia. Eu não tinha certeza do que poderia acrescentar aos volumes de livros que já haviam sido escritos sobre esse assunto. O que eu poderia acrescentar que ainda não havia sido dito? Seja lá o que há em mim que me inspira continuou insistindo, então meu cérebro racional decidiu investigar os fatos para provar meu ponto de vista: isso não seria um bom uso do meu tempo!*
>
> *Fiz uma pesquisa sobre "liderança" na Amazon e na Barnes & Noble. A Amazon listou 330.000 livros. A Barnes & Noble listou 20.000 livros. Naquele momento, senti que tinha provado meu argumento. O que mais eu poderia acrescentar? Decidi refinar minha pesquisa adicionando algumas palavras-chave que acredito estarem intrinsecamente ligadas ao tópico de liderança:*
>
> - *"Cultura" encontrou 13.800 livros (Amazon) e 1.800 livros (Barnes & Noble).*
> - *"Valores" encontrou 1.150 livros (Amazon) e 270 livros (Barnes & Noble).*
> - *"Consciência" encontrou 39 livros (Amazon) e 1 livro (Barnes & Noble).*

Agora eu estava intrigado. Essa junção específica de tópicos (cultura, valores e consciência) mal havia sido explorada. Na minha opinião, eles são essenciais para a compreensão da liderança. Para mim, a cultura que você cria como líder é um reflexo de seus valores, crenças e comportamentos, que definem os níveis de consciência a partir dos quais você opera. Naquele momento, pensei comigo: "Talvez eu devesse ouvir minha inspiração. Talvez eu devesse escrever um livro sobre liderança."

Eu ainda tinha uma pergunta em minha mente. Como eu poderia explicar o fato de que havia pelo menos 330.000 livros sobre liderança? Senti que, se soubéssemos o que era liderança, alguém já teria escrito o livro definitivo e todos nós o teríamos comprado.

Depois de ponderar essa questão, percebi que o motivo de existirem tantos livros sobre liderança não é porque ninguém sabe o que ela é. É porque todos entendem e escrevem sobre liderança a partir dos níveis de consciência dos quais operam.

Então, quando Jack Welch escreve um livro sobre liderança, o conteúdo de seu livro é um reflexo da consciência de Jack Welch. Quando Donald Trump escreve um livro sobre liderança, o conteúdo de seu livro é um reflexo da consciência de Donald Trump. Aqueles que respeitam e admiram Jack Welch comprarão seus livros. Aqueles que respeitam e admiram Donald Trump comprarão seus livros. As pessoas que admiramos e respeitamos são aquelas que queremos imitar. Portanto, as pessoas que estão comprando os livros de Jack Welch estão fazendo isso porque elas ressoam com a consciência de Jack Welch. As pessoas que estão comprando os livros de Donald Trump ressoam com a consciência de Donald Trump.

Nesse ponto, decidi investigar mais a fundo e ler os livros desses dois líderes para descobrir sua "assinatura de valores". Em outras palavras, eu queria identificar os valores que esses dois líderes trazem para sua liderança e mapeá-los no modelo de sete níveis de consciência[2] *Dessa forma, eu seria capaz de ver em quais níveis de consciência esses dois líderes operam e comparar os resultados. Ficou óbvio desde o início que Jack Welch e Donald Trump estão operando a partir de diferentes níveis de consciência e, portanto, atrairiam diferentes tipos de seguidores. O que me fascinou nos resultados*

[2] O modelo dos sete níveis de consciência é descrito no capítulo 8.

dessa análise foi que, embora esses dois líderes estejam focados em vencer, os valores que eles defendem são muito diferentes.

Depois de mapear os valores desses dois conhecidos executivos para o modelo de sete níveis de consciência, decidi analisar as publicações de outros líderes e autores conhecidos, como Bill George, Stephen M.R. Covey, Jim Collins e Tom Peters. Quando mapeei a assinatura de valores desses autores, nenhum deles abrangia espectro total de consciência — todos os sete níveis.

O que ficou óbvio para mim nesse exercício foi que esses gurus dos negócios não estavam escrevendo sobre liderança de espectro total — liderança que vem de todos os sete níveis de consciência. Eles estavam escrevendo sobre liderança a partir dos níveis de consciência em que operavam. Nossa pesquisa no Barrett Values Center mostrou que as organizações mais bem-sucedidas operam na consciência de espectro total, ou próximo à ela.

Os resultados desse exercício de mapeamento de valores me deram uma visão extremamente necessária. Minha vocação era escrever um livro sobre liderança de espectro total. Em outras palavras, eu estava sendo chamado para escrever um livro sobre liderança a partir da perspectiva do modelo dos sete níveis de consciência.

Como você pode ver no exemplo acima, minha alma foi bastante persistente em transmitir sua mensagem. Toda vez que eu resistia, minha alma voltava com um novo argumento. A alma é persistente. O pensamento — o que quer que sua alma (o seu eu quadridimensional) queira que você (o seu eu tridimensional) faça — não desaparecerá. Continuará aparecendo no campo mental de sua percepção. Mesmo quando seu ego (seu eu tridimensional) descobre o que acredita ser uma boa razão para resistir ao pensamento, sua alma (seu eu quadridimensional) apresentará um novo argumento.

Acredito que *O Novo Paradigma de Liderança*, todas as suas quinhentas páginas, é um dos melhores livros que já escrevi. Teve sua gênese na minha alma (meu eu quadridimensional) e acabou sendo muito mais do que um livro. Minha alma não parava de me estimular a fazer mais: criar um site sobre o *Novo Paradigma de Liderança*[48] e criar módulos de treinamento sobre liderar a si mesmo, liderar uma equipe, liderar uma organização e liderar na sociedade, e disponibilizá-los para todos no mundo a um custo acessível. A instrução que meu eu quadridimensional deu ao meu eu tridimensional foi democratizar o desenvolvimento da liderança.

Sincronicidade

Para mim, essa é uma das maneiras mais empolgantes e intrigantes de obter um *prompt* espiritual, pois envolve trabalho de detetive. Um *prompter*, na terminologia teatral, é alguém que ajuda um ator a aprender suas falas. Se o ator cometer um erro, o prompter o colocará de volta nos trilhos, sussurrando as falas corretas. Como o ator e o prompter estão operando no mesmo mundo tridimensional, é fácil para o prompter se comunicar com o ator se ele cometer um erro e dizer o que deveria ter dito.

Imagine agora que o ator e o prompter vivam em mundos (dimensões da existência) diferentes e que não haja uma forma direta de comunicação que o prompter possa usar para colocar o ator de volta nos trilhos. Nesse caso, o prompter deve chamar a atenção do ator por meio de alguma forma de comunicação indireta que transmita o que quer dizer. Em nosso caso, o prompter é nossa alma e o meio de comunicação é a sincronicidade: *a coincidência no tempo de dois ou mais eventos causalmente não relacionados que têm um significado comum*. Pensar em um amigo próximo e receber uma ligação dele alguns momentos depois é um exemplo de sincronicidade. O pensamento e o telefonema são eventos não relacionados. O significado comum é que ambos dizem respeito ao amigo. As sincronicidades não são limitadas pelo espaço nem pelo tempo.

O conceito de sincronicidade surgiu da fusão da teoria quântica com a psicologia. Isso aconteceu por meio de uma colaboração entre Carl Jung e Wolfgang Pauli. Embora a origem da mecânica quântica seja creditada a Heisenberg, seu amigo Pauli foi quem convenceu muitos físicos de que a mecânica quântica estava correta. Pauli acreditava que a sincronicidade possibilitava iniciar um diálogo entre física e psicologia de tal forma que o subjetivo fosse introduzido na física e o objetivo na psicologia, em vez de procurar exclusivamente na física ou na psicologia a solução dos segredos da natureza. Pauli sentiu que era necessária uma abordagem complementar na qual aspectos subjetivos e objetivos revelassem características diferentes dos mesmos fenômenos.

Jung inicialmente identificou as sincronicidades como reflexos no mundo externo de mudanças internas na consciência. Mais tarde, ele definiu três categorias de eventos sincronísticos:

1. A coincidência de um evento externo com um sonho ou pensamento, onde não há evidência de qualquer conexão (sincronicidade).
2. A coincidência de um evento externo fora do campo da percepção, com o conhecimento desse evento (conhecimento simultâneo).
3. A coincidência do conhecimento interior sobre um evento que ocorre no futuro (conhecimento prévio).

A partir de seus estudos, Jung concluiu que ou a psique (alma) não pode ser localizada no espaço ou no tempo, ou o espaço e o tempo são relativos à psique. Em outras palavras, ele confirma a natureza não-espacial e atemporal da consciência da alma. Quando você começar a prestar atenção à voz de sua alma, notará que todas as três categorias de sincronicidade ocorrem em sua vida. O aumento da percepção desses fenômenos em minha própria vida me levou a concluir que existe uma quarta categoria de sincronicidade que envolve estímulos diretos da alma.

SINCRONICIDADE COMO PROMPTS DA ALMA

Enquanto o propósito da inspiração é claramente diretivo — a alma (seu eu quadridimensional) está lhe dando (ao eu tridimensional) um pensamento que você deve seguir — os prompts sincronísticos são mais parecidos com diretrizes sutis. São eventos, situações e acontecimentos que são dicas sobre onde você deve focar sua percepção ou coisas às quais você deve prestar atenção. Sua alma se torna o prompter na peça em que você está atuando, que é essa vida.

Você sabe que está recebendo sugestões sincronizadas enquanto sua atenção é "acidentalmente" atraída para o mesmo pensamento, para o mesmo livro ou para a mesma pessoa várias vezes ao longo de alguns dias. Eu costumava perceber essas situações e me perguntar por que elas estavam acontecendo. Quando percebi que essas eram inspirações da alma, comecei a dar toda a minha atenção a elas. A maioria das inspirações de minha alma ocorre quando estou trabalhando em um livro. Quando percebo um artigo ou livro, não uma vez, mas duas vezes, eu imediatamente o procuro e leio-o. Geralmente, há uma ideia no artigo ou livro que eu preciso incorporar à minha escrita.

Os prompts da alma são o apoio que seu eu quadridimensional dá ao seu eu tridimensional quando você está trabalhando em seu propósito. Houve momentos em minha vida, particularmente nos últimos anos, em que a sincronicidade me inundou continuamente por várias semanas ou meses. É como se você estivesse recebendo orientação total de sua alma sobre aquilo em que focar sua atenção.

A outra forma de inspiração que recebo com frequência e que me ajuda a implementar o propósito de minha alma são os encontros "coincidentes". São pessoas que conheço "por acaso" que estão lá para me ajudar, ou eu estou lá para ajudá-las. Essas duas formas de inspiração se tornaram parte da minha experiência cotidiana: tão cotidianas que não as considero mais incomuns. Sei que cada encontro é importante, porque, no final das contas, todos que encontro estão trabalhando no mesmo projeto. Todos eles estão envolvidos direta ou indiretamente, consciente ou inconscientemente, na promoção da evolução da consciência humana, seja em si mesmos ou apoiando os outros. Se não estivessem, não estariam neste mundo.

QUEM ESTÁ OBSERVANDO A ALMA?

Todas essas experiências me levaram à conclusão de que meu eu energético quadridimensional está usando meu eu físico tridimensional para viver seus propósitos em nosso mundo tridimensional.

Eu costumava ter uma visão para minha vida. Eu não tenho mais. Eu só tenho uma missão: servir minha alma. Eu não tenho nenhum plano, porque eu apenas sigo as instruções que recebo da minha alma quando elas me são reveladas. Conheço o propósito da minha alma, mas não conheço os detalhes da jornada, a menos que eles me sejam revelados pela minha alma. Eu escuto os pensamentos da minha alma e observo os prompts sincronísticos para me ajudar no meu caminho. Eu me tornei o observador descontraído e desapegado da minha alma. Eu deixo minha alma projetar minha vida da maneira que ela quiser, e vejo isso tomar forma diante dos meus olhos. Eu (meu aspecto do ego) faço o melhor que posso para ficar fora do caminho.

Enquanto no início dessa jornada eu convidei minha alma a se tornar a testemunha do meu ego para me ajudar com meu domínio pessoal, agora que meu ego se fundiu com ela, parece que há uma parte de mim que agora se tornou a testemunha da minha alma. Há um aspecto meu que está observando a vida do meu eu quadridimensional se desdobrando na percepção tridimensional.

Às vezes me pergunto: *Quem é que está observando minha alma?* Não acho que seja meu ego, porque ele de alguma forma se fundiu com minha alma. No entanto, sei que meu ego ainda está escondido em algum lugar porque ainda é atacado ocasionalmente por alguma crença subconsciente não resolvida baseada no medo.

Quando tento me conectar com a entidade que está observando minha alma, encontro um vazio — entro no nada infinito. Eu me pergunto se esse local de observação é a consciência do campo de energia que engloba todas as almas. Eu me pergunto se, nesses momentos, estou experimentando Deus observando minha alma. Mas essa é uma história para outro livro.

RESUMO

Aqui estão os pontos principais deste capítulo:

1. Há uma diferença distinta entre servir sua alma e tornar-se um com sua alma.
2. Quando seu ego serve à sua alma, ele renuncia à sua liberdade.
3. Quando seu ego se torna um com sua alma, ele abandona sua existência.
4. Quando você se torna um com sua alma, ela lhe diz o que fazer enviando instruções (inspiração) e prompts (sincronicidade).
5. Para viver a vida de sua alma, você deve aprender a manter sua mente consciente (campo mental) totalmente focada na percepção do momento presente.

Notas finais

[1] Marc Gafni, *Soul Prints* (Londres: Michael Joseph), 2001, p. 11.

[2] Uma religião é uma coleção de crenças (compartilhadas por um grupo de pessoas) que relacionam a condição humana a um propósito transcendental maior. Pode-se dizer que a principal função de uma religião é fornecer um contexto cosmológico para nossas vidas (envolvendo espaço, tempo e causalidade), o que nos ajuda a interpretar nossa realidade cotidiana em relação a um propósito maior ou à vontade de uma divindade que chamamos de Deus(es). Quando perdemos nosso senso de contexto, propósito e conexão com o divino, nossas vidas se tornam desprovidas de significado.

[3] P.D. Ouspensky, *Tertium Organum: A Key to the Mysteries of the World (Nova York:* Vintage Books), 1982, pp. 262-263.

[4] Fritjof Kapra, *O Tao da Física: Uma explicação dos paralelos entre a física moderna e o misticismo oriental* (Londres: *Fontana), 1983, p. 155.*

[5] Paul Davies, *The Mind-Body Problem and Quantum Theory,* Proceedings of the Symposium on Consciousness and Survival, Ed. J.S. Spring, Sausalito, California: Institute of Noetic Sciences, 1987, pp. 113-114.

[6] William James, *As Variedades da Experiência Religiosa* (Nova York: Penguin Classics), 1985, p. xxi.

[7] Ibid, pp. 408-409.

[8] Ibidem, p. 410.

[9] Ibidem, p. 6.

[10] Carl Jung, *The Portable Jung,* Ed. J. Campbell (Harmondsworth: Pinguim), 1980, p. 466.

[11] Ibidem, p. 468.

[12] R.J. Woolger, *As Várias Vidas da Alma* (Cultrix; 1ª edição (4 julho 1994).

[13] R.W. Clarke, *Einstein the Life and Times* (Nova York: World Publishing), 1971, p. 159.

[14] David R. Hawkins, *Poder vs. força os determinantes ocultos do comportamento humano* (Carlsbad: Hay House), 2002, *pp. 68-69.*

[15] Joseph Ledoux, *O cérebro emocional* (Nova York: Phoenix), 1998, p. 182.

[16] Richard Barrett, *Love, Fear and the Destiny of Nations: The Impact of the Evolution of Human Consciousness on World Affairs* (Bath: Fulfilling Books), 2012.

[17] Richard Barrett, *O Novo Paradigma da Liderança* e *Love Fear and the Destiny of Nations (em tradução livre: Amor, Medo e o Destino das Nações.)*

[18] Richard Barrett, *Love, Fear and the Destiny of Nations: The Impact of the Evolution of Human Consciousness on World Affairs* (Bath: Fulfilling Books), 2012.

[19] Ervin Lazlo, *Evolução - A Grande Síntese* (Instituto Piaget; 1 de janeiro 1994).

[20] Richard Barrett, *Love, Fear and the Destiny of Nations: The Impact of the Evolution of Human Consciousness on World Affairs* (Bath: Fulfilling Books), 2012.

[21] Lynne McTaggart, *O campo: A força secreta que move o universo*(Goya*)*, 2023.

[22] Rupert Sheldrake, *A presença do passado: a ressonância mórfica e os hábitos da natureza (Instituto Piaget), 1996.*

[23] De acordo com Sheldrake, uma entidade específica pertencente a um determinado grupo, que estabeleceu seu "campo mórfico" (coletivo), pode *sintonizar-se* com esse "campo mórfico". A entidade específica pode *ler* as informações coletivas no campo por meio do processo de "ressonância mórfica", usando as informações do campo para orientar seu próprio desenvolvimento. Entidades que fazem parte de um "campo mórfico" fortalecem o campo por meio de seu próprio aprendizado, resultando na disponibilidade de novas informações para outras entidades que fazem parte do campo. Essa retroalimentação ocorre por meio da "ressonância mórfica". Sheldrake considera os "campos mórficos" como um banco de dados universal tanto para formas orgânicas (genéticas) quanto para abstratas (mentais).

[24] M. Talbot, *O universo holográfico* (Nova York: Harper Collins), 1991, p. 93-94.

[25] Valerie V. Hunt, *Infinite Mind: Science of the Human Vibrations of Consciousness* (Malibu: Malibu Publishing), 1996.

[26] Srinivasan S. Pillay, *Life Unlocked: 7 Revolutionary Lessons to Overcome Fear* (Rodale: New York), 2010, p. 6.

[27] Ibid., p. 17.

[28] Jeffrey E. Young, *Terapia cognitiva para transtornos de personalidade: uma abordagem focada no esquema (edição revisada)* (Sarasota: Professional *Resource Press), 1994.*

[29] Ibidem, p. 11.

[30] Jeffrey E. Young e Janet S. Klosko, *Reinvente Sua Vida: Um programa avançado para ajudá-lo a acabar com comportamentos negativos e sentir-se bem novamente!* (New York: A Plume Book), 1994, p.18-24.

[31] A lei da conservação da energia é uma lei da física. Ela afirma que a quantidade total de energia em um sistema permanece constante ao longo do tempo. Uma consequência dessa lei é que a energia não pode ser criada nem destruída: ela só pode ser transformada de um estado para outro.

[32] Para ver a entrevista completa, acesse: http://www.bbc.co.uk/religion/programmes / belief/scripts/camila_batmanghelidjh.html.

[33] Andrew Bernstein, *The Myth of Stress: Where Stress Really Comes From* (Nova York: Free Press), 2010.

[34] George E. Vaillant, *Adaptation to Life* (Cambridge: Harvard University Press), 1977.

[35] Marc Gafni, *Your Unique Self, The Radical Path to Personal Enlightenment* (Tucson: Integral Publishing), 2012

[36] Dalai Lama, *A Arte da Felicidade: Um Manual para a Vida* (Londres: Hodder & Stoughton), 1998.

[37] Ibidem, p. 25.

[38] Ibidem, p. 27.

[39] Veja os Índices de Democracia Global da The Economist Intelligence Unit, que podem ser encontrados na Wikipedia.

[40] Richard Barrett, *Love, Fear and the Destiny of Nations: The Impact of the Evolution of Human Consciousness on World Affairs* (Bath: Fulfilling Books), 2012.

[41] http://www.relaxationresponse.org/howto.htm.

[42] Rick Hanson, *Self-Directed Neuroplasticity: A 21st Century View of Meditation,* Institute of Noetic Sciences, Issue Nine, Noetic Now, Abril 2011

[43] Byron Katie, *Ame a realidade: quatro perguntas que podem mudar a sua vida* (Nova York: Three Rivers Press), 2002.

[44] Roger Steare, *Ethicability: How to Decide What's Right and Have the Courage to Do It* (Londres: Roger Steare Consulting Limited, 2009), p. 116.

[45] Marc Gafni, *As Marcas Da Alma* (Londres: Michael Joseph), 2001.

[46] Richard Barrett, *Libertando a Alma da Empresa* (Woburn: Butterworth Heinemann), 1998.

[47] Richard Barrett, *Um guia para libertar sua alma* (Fulfilling Books: Asheville), 1995.

[48] www.newleadershipparadigm.com

Índice

N

O

P

Q

R

S

T

V

W